U0938415

《敍別逸離——困難時刻的藝術與治療》

送給所有曾經信任過我，
一起在藝術空間探索生命意義的個案
及已故督導 Benedikte Scheiby。

自序——

2016年11月11日—2021年2月22日

藝術創作是個人表達，是不同年代的文化承傳，也可以是療癒心靈的媒介。每個人面對困難時刻的反應完全不一樣；藝術在這些時刻除了發揮著陪伴的作用外，更承載及表達了創作者的感情，也反映其內心世界。

筆者由自身經歷到工作層面，體會到藝術的力量如何喚醒一個人內在的堅韌與抗逆力去面對分離焦慮、死亡恐懼，或哀傷失落等負面情緒。創作引發人對生命意義的反思，也發掘個人內在資源去適應生活中出現的特殊情況。《敍別逸離》分享在離別中透過藝術而轉化情緒的故事：由於治療的保密性，沒有仔細陳述內容，也沒有煽情文字，只有作為治療師的體察及反思。這些在不同情況下經歷過藝術治療的人，都希望以自己的故事鼓勵他人，此書也應運而生，讓讀者不只著眼於離別的悲傷痛苦與無奈，同時看到堅毅不屈及真摯的愛。

籌備出版計劃期間，香港經歷了史無前例的政治動盪及社會撕裂。然後到急危存亡的新冠肺炎疫情，不但顛覆了我們對生存的安全感，更產生了不同程度的離別及死亡恐懼。這時重定這書的方向：這不是生死教育的教科書，也不是藝術治療的工具書，而是希望讀者重新審視藝術對個人的價值，在困難時刻的發揮；讓更多人對藝術與生死議題產生興趣，並了解藝術治療的實務及多樣性。而作為藝術心理治療師或助人工作者，怎樣靠持續的藝術創作去整理自己的情緒，在工作上如何得到慈悲滿足又能預防慈悲倦怠。

在這艱難的幾年間，大家運用藝術在個人、社群，甚至社會上發揮著不同程度的療癒作用。由藝術到心理治療，在大眾心目中也存在著不同的理解。筆者希望無論是從事藝術創作、教育、心理輔導或治療、公共藝術、藝術行政，及對藝術有興趣的人，對創作本質及藝術治療的定義有更深層次的思考及理解，貫徹在不同領域的藝術與治療。

寫作中最艱難的就是用不同的角色去描寫：文字遊走於作為一個人、藝術工作者，或藝術治療師之間；分別以個人情感，用藝術角度，或以藝術治療的專業知識去探討及分析。描寫的角度有點「懸在半空」：內容對藝術人來說艱澀，對心理人來說抽象，對普羅大眾並不是簡單易懂的文字。正因為藝術這光譜上充滿著不同角色的工作者，而各自的關注點很不一樣，所以嘗試在彼此之間引發對話：從個人創作到臨床實務當中討論著不同的可能性，拉近彼此間的距離。

本書提及很多創作模式，旨在以活生生的例子去提高表達性，並沒有作為實務指引的用意。若讀者希望參考書中的藝術活動去支援有需要的人，請確保自己有受過適當的訓練，對藝術媒介熟悉，以及了解藝術的限制及危險性。每章節最後建議的創作活動，望讀者可親身嘗試以藝術整理自己，甚至培養恒常的創作習慣。藝術活動中的指引純屬邀請，你會找到自己想要創作的形式和方式；不需要有任何藝術經驗。但請謹記藝術活動只是自我探索，如遇上情緒困擾，請找專業人士幫忙。

在此特別答謝書中所有的故事主角及其家人，慷慨地分享他們的經歷及作品去鼓勵及啟發其他人；希望這書記述的人和事，可以繼續以藝術影響其他生命。感謝香港癌症基金會，不僅在癌症服務中不遺餘力，也一直大力發展藝術治療。還有中學時期的中文老師肥爹——陳漢廷，從小到大悉心的教導我，這本書的一字一句也被他批改過；他的評語推動我努力改善文筆，在潤飾文稿之餘也給予我信心與安慰。

序一

藝術在醫院總監
香港展能藝術會副主席及節目委員會聯合主席　鄭嬋琦

「我想去讀藝術治療！」多年前的一天，「Tristan 腼腆的説。

在我心中無不驚訝，眼前的一位青年小女子，我原想栽培她在展能藝術工作上走得更遠，但晃眼間却在尋求另一新天地；她的身影，卻是告訴人雖不容易，但她有滿滿自信。

認識陳雅姿是在她仍在香港展能藝術會工作的時候，我們在做一個大型的展能藝術教育計劃，工作量十分驚人，但同時收穫亦豐裕。雅姿常帶著爽朗笑容：欣賞她工作盡責、為人親切，亦與人建立信賴關係。在無盡的學校工作坊裡，她會留意到每個人的需要並給予適切的協助，她給我的感覺就是「天跌落來當被冚」有「一夫當關」的氣勢。所以在聽到她說要學習藝術治療時，會想她能駕馭一個比較纖細的學科嗎？沒多久，她就到英國去尋找藝術治療師之路。見到面書裡雅姿分享她所學，或見到她彈著結他，以音樂浪者身份四處遊歷就知道她的生命正慢慢改變，晃眼就以所學傾注為香港服務。

藝術治療並不輕鬆，我常佩服治療師如何能包容及擁抱別人的心理負擔。雅姿展示了一位藝術治療師的日常：工作、運動（雖然常受傷）、享受大自然及持續創作，喜見她最近的立體創作除了表達她對世界細緻的觀察，亦發放出源源不絕的力量。

她的《擁抱不完美——野生藝術治療師》已是愛不釋手的一本讀物。是次的《敍別逸離——困難時刻的藝術與治療》更進一步去分享藝術治療在生命中的思考，香港人習慣看輕自己的心理需要，此書正正可以讓讀者去了解及接納生命中有不能承受的部份，雅姿的分享就是我們每一位的經歷。

最後分享藝術家馬蒂斯的一句說話：

只要妳想要看到花，花就在那裡。

(There are always flowers for those who want to see them. Henri Matisse)

序二——

台灣臺中榮民總醫院安寧緩和醫學科藝術治療師　王華雯

從《擁抱不完美——野生藝術治療師》到《敘別逸離——困難時刻的藝術與治療》，雅姿經歷了五年的沉澱與記錄和當事人互動的深刻經驗，同時這五年期間雅姿更要面對自己身體的手術、香港社會的重大動盪以及新冠病毒疫情對每個人生活的衝擊。這些痛苦、不安、對立、憤怒、失落、悲傷……作為治療師無法僅僅是用人的意識來詮釋分析這些歷程，而更需要用生命經驗來承接每一個個案生命的故事。

「勇敢，不是不害怕，是心懷恐懼，但能奮力向前。」我在台灣從事安寧緩和療護的藝術心理治療師的工作已超過十年，因此深刻體會到雅姿在服務癌症病人、家屬，以及陪伴他人走向生命終點的不易：治療師以藝術媒材與藝術創作引導個案釐清統整內心的感受以及向彼此表達四道人生：道謝、道歉、道愛、道別。看似簡單的文字，卻很難用言語完整表達，也是人生中重要的生命課題。每位病人都是值得我們學習的生命導師，在他們身上我們看到了病人與其家人對抗疾病、甚至是面對死亡的恐懼害怕，然而他們依然勇敢的調適每次治療所帶來的不適不安、堅強地與疾病共存。藝術治療師是一個非語言的溝通橋樑，藉由媒材與視覺藝術創作來表達內心的想法或感受，其實最好的媒材就是治療師本身，治療師與當事人的關係心理動力就在這個時間、這個空間發生了。

《敍別逸離——困難時刻的藝術與治療》這本書不是藝術治療的工具書、也不會教你要用什麼藝術技巧來引導個案，藝術的無限可能就發生在每個人身上，每個創作過程、每件作品、每個與個案的關係都是獨一無二的。

『陪伴』是保持靜止，而非急著向前行；
是發現沉默的奧妙，
而非用言語填滿每一個痛苦的片刻；
是用心傾聽，而非用腦分析；
是見證他人的掙扎歷程，而非指導他們脫離掙扎；

是出席他人的痛苦，而非加強秩序與邏輯；
是與另一個人一起進入心靈深處探險，
而非肩負走出幽谷的責任。（Alan D. Wolfelt）

雅姿一直用最真誠溫暖的心對待身邊每個人，並且將自身經驗與當事人連結；生命經歷與治療工作經驗的積累讓雅姿更顯出她堅毅溫暖的特質，我彷彿看見一個從自身的掙扎痛苦中，伏地而起盛開芬芳的花朵，脆弱卻昂然。雅姿自我剖析的筆下那些壓抑、掙扎、受苦的歷程也成為她珍貴的養分，這種與個案同在的深層同理在書中自然流露讓人動容、敬佩。

謝謝雅姿邀請我為這本書寫推薦序，我深感榮幸與驚喜。在陪伴個案的過程中，治療師也會失落哀傷與挫折：與病人家屬說再見、治療師還能為他們做什麼？！這本書分享了許多雅姿的內心歷程，讓人感受到這條路上我們並不孤單、更為自己的內心充電準備再出發，非常推薦值得一讀再讀！

序三——

香港大學行為健康教研中心名譽講師　田芳

第一次認識 Tristan，是在 2016 年一個為期十天的哀傷輔導課程，後來才知道，原來她於更早的時候，曾參與我另一個關於生死教育的課堂。初認識 Tristan 的時候，尤其喜歡她爽朗直接、不矯揉造作的作風。到這幾年間，一直從不同途徑對她有更多的認識，由工作的理念、實踐，助人者的角色、反思，到自己對人生和生死的看法，每每看到她的分享，內心都會有很大的共鳴，雖然從沒有機會深刻交談，但心裡卻一直對她有份親近的感覺。

一直相信，輔導工作中，工作員自己就是工作的工具。如何準備好自己的內在，並在人生中真實地活好自己，是每一位輔導員的功課。Tristan 是一位我很欣賞的治療師，在她身上，我見證到作為專業助人者，如何先要「成為一個人」的真摯歷程。

很喜歡 Tristan 上一本書的書名：《擁抱不完美》。面對生死工作，我們更要學習擁抱哀傷、無助、和過去失落與死亡的經驗。惟有接納自己的眼淚，我們才更懂得承載家屬的眼淚；學習與自己的無助感共處，我們才更懂得與無助的家屬同行。在這本新書中，Tristan 再一次毫不吝嗇地分享自己成長過程中的困惑，每一次與死亡相遇時的失落，還有在治療工作中作為治療師的探索和掙扎。她確切地示範了：如何先檢視、整理和預備自己的內在，才更有能力走進別人生命和死亡的故事。這過程無疑需要治療師全然地了解和接納自我的不同面貌，包括幽暗面、軟弱、無力的部份，當中所需要的那份勇氣和坦誠叫人欣賞。另一方面，書中詳盡介紹了藝術在臨終關懷、哀傷輔導和其他困難時刻的應用：從理論知識、臨床技巧，到治療過程中治療師的敏銳覺察和個人反思，都一一涵蓋，無論是從事生死工作的助人專業、藝術治療師，還是純粹對生死和藝術議題有興趣的朋友，都非常具參考價值。

藉著藝術，遊走於生和死之間，死亡不再只是生命的終站，卻成為另一扇窗，讓人們重新思考生命的意義，直透更多我們不曾發現的色彩。

序四——

香港表達藝術治療協會創會主席
國際表達藝術治療協會前共同主席　張文茵博士

認識雅姿是我的確幸。她在英國街頭賣藝時，我在香港家中以畫聊情，若非藝術，我倆早已在叛逆貧困歲月裡成為辣手案主！我們何時認識？如何相遇、相知、相伴……也毋須考究！重要是那些年，她出任我在香港大學健康教研中心創辦的人本表達藝術治療訓練課程為即時傳譯員，在腫瘤照顧工作上互相支持，於香港藝術治療師協會的義務付出，與藝術在醫院團隊合力籌辦「韻釀心靈」慈善音樂會，支援發展中國家的創意藝術治療師，舉辦國際表達藝術治療協會會議等。我們互相提點，彼此扶持，點點滴滴，暖在心頭。

收到這部書的初稿，被書名和雅姿穩紮的臨床經驗吸引，忍不住要馬上閱讀，希望從中取經，反思面對生死的藝術、治療和轉化。見書如見人，字裡行間，娓娓透露著雅姿的率性魅力，簡述藝術與藝術治療的歷史和定義，分享案主的故事、創作歷程和潛能，她敏銳、豐富又簡單地道出如何運用藝術撫平傷痛、寄托思念逝去的親人，轉化自我傷害為塑造生命的力量，延續親情與愛。

我追求知識和實踐的連結，我喜愛專業角度和個人反思的交替。這部書字字情深，句句真言，帶來深層的聯繫和共鳴。我不禁回想起我被傷害時做的創意日誌，手術後收到女兒的痊癒公仔，陪伴奶奶臨終的新春馬偶，紀念爸爸在世時的錄像創作。縱然 Benedikte 在另一天地，我相信她正吹奏著笛子，為我們打氣。藝術啟發我同時間看到生命的無常和無盡的可能性，創作讓人們互相走近。

這書讓我們走進藝術治療師、案主和藝術的互動世界，每個章節都是雅姿寶貴工作智慧和人生經驗，她不單剖析藝術在不同處境的應用、治癒／治療的力量和需要注意的地方，還展示藝術治療師對藝術的追求和信念。

當大家拿着這本書時，我們的五官自然感受到它的份量，我們的書架也樂於收藏。雅姿：謝謝妳的慷慨分享，讓我們體會到藝術和治療在痛、別離和生命轉化中的美。

目錄

楔子

小志三歲的時候患上血癌，經歷了一年半艱辛的化療療程，康復出院後便重回學校。他性格開始變得孤僻，自信心低，也不喜歡與其他同學交流，有時伴有爆發性情緒，更加會傷害自己；心理學家及社工嘗試協助卻被拒諸門外。幾年後，小志總算捱過適應期，重新投入學校生活。怎料爸爸突然患病，明明診斷是普通疾病，最後卻發現是末期癌症，確診後不到一個月爸爸離世了。小志的情緒很波動，他因為擔心自己或其他親人會死亡而變得非常焦慮；也常問媽媽，自己會不會因為癌症復發而突然死去。媽媽束手無策，剛好看了我於 2016 年的著作《擁抱不完美——野生藝術治療師》，在書末提到在癌症中心的藝術治療服務，便帶小志來參加藝術治療，期望讓他走出對爸爸突然離世的陰霾，以及抒發疾病殘害自己及家人的負面情緒。

小志比我想像中活潑，進入藝術治療室後就四處遊走，並立即進入創作狀態：無論是平面的、立體的、具象的、抽象的，他都可以即興創作；可他說的話很少。每次只忙著大力的擠壓顏料樽，厚重地塗在畫布上；將不同粗幼的線一圈一圈地繞着木盒子，忙著找治療室裡的小東西放在木盒中；經常為他的扭蛋公仔建立理想的房子，甚至要興建餵食房間，創造出小蜥蜴可以繼續維生的食物。經過差不多六次的會面，大大小小的作品放滿桌子，在中期回顧小節中，他終於停下來，開始跟我訴說每次創作的想像和故事。

他曾經很生氣自己為什麼會病。當爸爸生病離世時，感覺是不幸總接二連三地發生。他埋怨這世界很不公平，也擔心噩運還未過。這些生氣、埋怨、擔心及壓力從大力擠壓顏料時抒發出來，也在凌亂的筆跡及大力的潑灑顏料中宣洩出來，最後在治療師的見證及陪伴下，慢慢地整理心情並嘗試找出當中的意義。當情緒適當地抒發出來後，他開始在房間找來不同的東西表達自己複雜的情感，開始接受爸爸的離世，並希望將對爸爸的愛都放到盒子裡，用創作的方式與爸爸繼續連繫。而一直為小蜥蜴建立夢想的家，也是對自己將來的期盼：希望繼續好好生存下去。

十六節的恒常會面後，小志臉上的笑容多了，在學校及家中的爆發性情緒少了，也停止了傷害自己的行為，反而多了對藝術及音樂的熱情。而治療室的四張桌子上，也放滿了他的作品。他最後一張創作，是一條很鮮艷的彩虹，塗上金粉閃閃發亮，他說：「這就是人生！」

在與小志會面的時候，同一時間遇上剛面對父親離世的「夢幻星」與她患血癌的媽媽「樹懶」，以及年輕患者「小晴」；他們四人同是血科病人，有著不一樣的經歷，卻都在面對喪親、面對自身或摯親患危疾的威脅，並在等待骨髓移植的機會或在擔心骨髓移植後的排斥或復發。單看他們的背景似乎是不堪入目的悲劇，令人難以想像如何將這些情節聯繫上希望。是藝術，讓大家在如斯困難的時刻呈現內心、表達情感，嘗試接受並與自己的情緒共處；是藝術治療讓難以抒發出來的負面情緒被整理及消化，在當中找到安全的發洩方式，培養出自我調節的掌控感對抗面對病情的無力感。而希望與愛，也隨著負面情緒得到疏理後慢慢在創作中呈現。

他們各自有參與個人藝術治療。後來他們也曾經一起會面：不是互訴苦水，也沒有圍爐取暖，大家就專注於當下共同創作了一幅畫。小志跳躍的筆跡、夢幻星的可愛動物、樹懶的掌印，以及小晴的清麗表達；四個不同性格與背景，面對著相若的殘酷現實，沒有以負面情緒淹沒房間，反而在藝術創作中展現人性的堅韌與光輝。

當死亡來得太突然，我們總沒有準備好。而離別的傷痛，不單純是失去的苦，也包含擔心自己，甚至其他親人會突然死亡的恐懼。藝術在面對離別當中，是一個有距離的窗口：遠看出去，可以看到一些很真實的感受，但卻有從第三者視覺看的距離。而創作的抽象呈現，令感受既赤裸又含蓄地傳遞出來。藝術治療深入探索藝術創作與內心感受的關係，在安全的環境去表達情感：無論是壓抑的、模糊的、混亂的、難以啟齒的，或不被社會認同的，也會被藝術治療師接納及反映。本書將以不同故事闡述在面對離別時，藝術在當中的發揮與作用，也討論關於生死及離別、藝術與藝術治療的理論與實務。

小志、夢幻星、樹懶和小晴共同創作的畫作「我們的粉紅希望」。

藝術對生命的意義

淺談香港寧養照顧和紓緩服務，
透過理解「好死」與善終等平常忌諱的話題，
反思什麼是「好生」。
藉著討論藝術在寧養照顧的角色和層次，
以及簡介藝術治療的形式，
開展藝術與藝術治療對尋找生命意義的探討。

《好死》

「好死」或「善終」是近年醫學界熱烈討論的議題。大眾對救援生命與維持病人生活質素及有尊嚴地離世有不同層次的理解。雖然中國人忌諱講死，連大廈樓層也會拿走「四」字；偏偏新年祝福語「五福臨門」中，其中一福就是善終。什麼是善終？對每個人也有不同意義。有人考慮死亡的時候有沒有痛楚，彌留的時間長不長等，關乎死亡時刻肉身上的感受。有的會關心自己在那裡死亡：是在醫院？在家？或在不預知的地方？有些人著重死後會到哪裡？會到天堂？或輪迴？還是有另外的結界？都是包含宗教靈性的對死後世界的理解及想像。有些著重死前有沒有交代好身後事如各種包括喪禮等的後事項目；處理好財務安排。而最多人關注的，就是與親人道別，道謝，道歉和道愛。（在台灣稱為四道人生）。他們希望死前與親人或朋友冰釋前嫌，或在離世一

刻有摯親相伴：由此可見思考死亡，對生命有著重要的意義。

香港大學秀圃老年研究中心 2017 年發表名為「終老的選擇」的調查報告（註 1）中，列出六個「好死」的準備（排名不分先後）：

① 預先作出醫療選擇
② 葬禮等身後事安排
③ 處理好財務及交托晚期安排
④ 與家人道別及處理家庭關係
⑤ 靈性和信仰的準備
⑥ 面對死亡恐懼的心理準備

寧養照顧在香港

近年香港高度發展紓緩服務及寧養照顧，為晚期病患及其家屬提供高質素的身心社靈（身體 physical，心理 psychological，社交 social，靈性 spiritual）的照顧，令病患及家屬在晚期依然保持舒適的生活。除了照顧面臨死亡的人，在社會不同層面也百花齊放地推廣生死教育，讓包括老中青不同年代，不同社會背景的人透過反思生死而重整人生，找到活著的意義。

在 2015 年《經濟學人智庫》（The Economist Intelligence Unit）的國際死亡質素指標（註 2）（The 2015 Quality of Death Index：Ranking of Palliative Care Across the World），評估全球 80 個地區的臨終照顧服務，香港在全世界排名 22，即使一眾醫護人員努力地發展整全服務，可排名卻遠差於排行第 6 的台灣、12 的新加坡等華人社會。由 2006 年開始公眾咨詢，至 2019 年才初步訂下有關「預設醫療指示」的立法細則，隨後在 2020 年中發表報告決定支持立法，消除緊急救援人員在執行預設醫療指示的法律障礙。這個立法的決定對香港晚期照顧起重要的作用。

除了醫療上配合「好死」的需要外，關於晚期病患心理及靈性方面的需要如：對人生的回顧，與親人的關係，對死亡的恐懼，或對靈性的需要等，就需要其他如心理輔導或心理治療的方式去支援。

其實紓緩科的寧養照顧概念與傳統醫學只為「救活」生命的方向沒有矛盾，當中有千絲萬縷的關係。在不同國家及文化背景有着不同的價值。在某些人心目中，即使要靠機器維生，也希望多活一句鐘。有些人面對沒有尊嚴的餘生，卻希望盡早了結生命。這方面在不同宗教，文化，法律及社會上不同的人各持己見，所以並沒有對與錯，只有面對生死的主角，才最清楚了解對自己來說最重要的是什麼。這些對於死亡的價值道德問題，非常值得我探討及思。

做心理治療的需要以個案的個人利益為依歸。沒有誰有權利左右或任意為他人的生命下決定。「好死」的定義本來就是個人的。

藝術探索生死議題

人們可以利用藝術，從不同層次及角度去探索生死。藝術創作中想像空間及藝術作品的客觀存在，令關乎死亡等抽象的議題，複雜的情緒，可用象徵意義的方式呈現及整理。而藝術在死亡議題的探討，不同媒介的藝術家也按個人經歷去回應。由傳統至現代藝術，在不同國家及文化中，不少藝術家以死亡或哀傷為題材，在藝術博物館不難找到平面與立體的相關作品。

香港藝術家黃炳培（又一山人），在 2012 年以沙發和茶几組合成棺木，成立體作品，題為《無常》，啟發人們反思死亡；作品得到 2012 年香港當代藝術獎。在日本，山本タカト（Takato Yamamoto），一位平成浮世繪風格的畫家，作品充滿耽美、死亡的元素。畫作的人物多有無神的雙眼、蒼白病態的膚色、而形

態扭曲的四肢、骷髏骨也經常出現。在西方的不同時代也有藝術家以死亡為主題作深入創作：梵高（Vincent van Gogh）的《骷髏骨在吸煙》，近代的藝術家達米恩•赫斯特（Damien Hirst）以真實動物屍體甚至人骨作為創作主題，1991 年震撼地將超過兩米長的鯊魚屍體以立體雕塑呈現在展覽廳，於 2007 年甚至用人類頭骨作為立體雕刻品。由此可見不少藝術家用藝術方式在物理層面探索死亡議題。

事實上更遠早時代，不同的民族或部落，無論有沒有牽涉到儀式，也會在死亡事件或喪禮中加入很多藝術元素，在此未能一一盡錄。名畫家畢加索（Pablo Picasso），也有一段時間一直在畫自殺死去的好朋友。藝術與死亡，由創作到心理治療，中間包含很多方向與層次。以藝術形式探索死亡（Death）及哀傷（Grief）的議題，在未有專業訓練和知識之前，早植根於人類本性中。

藝術治療在寧養照顧

藝術治療在歐美的主流醫學有著不同的角色，在醫療服務中的兒科、成人科、精神科、創傷，紓緩科等都設恒常服務及職位。由剛開始於七八十年前在歐美萌芽，直到近年在世界各地，在不同領域包括醫療、社區、教育，復康等也有藝術治療的參予。世界衛生組織（World Health Organisation) 2019 年發表報告（註 3），整合過去十九年間約九百份關於藝術與藝術治療的學術研究及論文，肯定了藝術對身心健康的價值，臨床研究證實創意藝術治療對紓緩及管理晚期病人的一些病徵例如疼痛及怠倦等有紓緩效果，而透過藝術重整晚期生活對病人有正面作用。

在歐美國家，寧養服務中有恒常職位的創意藝術治療師。普遍是音樂治療及藝術治療。在英國 1967 年成立的 St Christopher's Hospice，算是世界性的紓緩服務先驅。除了提倡有尊嚴地離世，也致力發展多元的善終服務，服務範圍及於支援希望在家中離世的病人。而紓緩服務的出現，也將整個醫療體系一直以來視「死亡」為失敗的概念改變，應用醫療服務去確保臨終病人的身心靈各方面的照顧。而St Christopher's Hospice內，就有舒適的藝術治療室，有註院藝術治療師照顧病人及家屬的心理需要。

在英美，醫療體系及服務一向以學院研究報告提出的建議及方向為本，香港因為沒有足夠醫療研究，也傾向引用歐美的指引。而醫療體系是以醫生及管理層導向的，也傾向以傳統醫學為主。可惜藝術治療在香港並不是醫療系統中的治療選擇，目前只有很少醫院有創意藝術治療的服務，而且全部是由慈善團體提供，並非醫院管理局轄下的醫療服務。而治療師大多以義務工作身分，或受聘於團體以專項計劃形式服務病人。例如在病人資源中心，或到特定病房服務等等。暫時未有直屬於醫院管理局的創意藝術治療師。

註一：2017年「終老的選擇」調查報告〈香港大學秀圃老年研究中心〉

註二：2015年死亡質量指數全球報告——紓緩治療排名《經濟學人智庫》

註三：Fancourt, D., & Finn, S. (2019). What is the evidence on the role of the arts in improving health and well-being? A scoping review. (Health Evidence Network synthesis report 67). World Health Organisation. https://www.euro.who.int/en/publications/abstracts/what-is-the-evidence-on-the-role-of-the-arts-in-improving-health-and-well-being-a-scoping-review-2019

《好生》

「未知生，焉知死？」是傳統文化的信念。而在生死教育當中，香港常提倡的口號是「未知死，焉知生？」如何將死亡正常化，讓人們不忌諱地正面探索及預備死亡，透過面對死亡去整理生命，找尋活著的意義。而藝術面對死亡，不但讓抽象的概念圖像化，也讓難以言喻的恐懼及複雜的感受整合地呈現。

藝術與過好生活有很大關連；而藝術治療本來就是為了「好生」的心理治療。在人生的不同階段中，我們都需要重新認識及調節自己去配合不同時期所面對的人生問題。當我們了解生命的意義，人生就過得好；事實上當藝術需要被滿足，便可以提升生活質素。固然「好生」的「好」是非常主觀的，但也可以從一些調查和研究去理解藝術需要與過好生活的關係。

不同層次的藝術需要

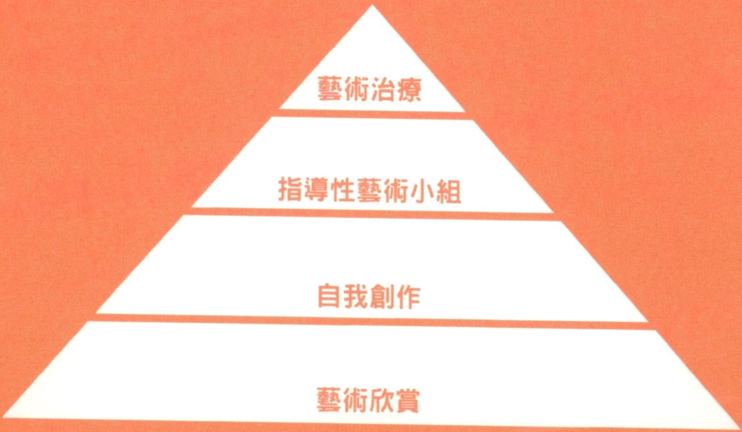

藝術治療

指導性藝術小組

自我創作

藝術欣賞

個人化的藝術需要

加拿大癌症中心對病患的藝術需要作調查，分析了人們面對疾病時對藝術的需要。透過參閱資料，加上筆者在藝術治療服務的經驗，以下將人們對不同層次的藝術需要稍作分析：

最基本和最大的需要是藝術欣賞：以處於一個接收的狀態，透過觀賞不同藝術品達致舒泰滿足的感覺。例如看展覽或參觀藝術博物館。在加拿大一些省分，由於藝術治療普及化，醫院不但傳統地以藝術治療處理精神疾病如抑鬱症，醫生更可處方病人免費去藝術館，以實驗藝術治療對於各種慢性病與精神症狀的輔助效果，參加者也可預約館內常駐的藝術治療師，參與相應適合的藝術治療。計劃由2018年至今已有過百位醫生主動註冊。除了精神科之外，內科與腫瘤科等也都包含在內，確立了以欣賞藝術作治療的專業成效。

另外，英國國家健康系統也積極討論在博物館中觀賞藝術品對促進精神健康的成效，特別對抑鬱症有正面影響。看展覽不只是娛樂，也是養生及提升身心健康的重要元素。

第二大的需要是自我創作：是在沒有特定形式、主題和材料的規範下自由自在地創作。這方面不一定需要指引或教授，沒有特定要展示或溝通的對象，也毋須任何藝術訓練或技巧；可以是情緒的記錄或抒發：例如在日記中創作或隨心塗鴉。專注於創作很多時都可以令人放鬆心情，人們看著自己畫的顏色線條往往就會很滿足。另外，早前很流行的秘密花園（SECRET GARDEN）填色畫冊、號碼油畫等，使人不用學習藝術技巧，就能跟隨結構或指引創作，即使單純的跟隨圖案填色已經可以放鬆自己，當中也有看到作品後的滿足感。

除了以自己為觀眾，有些人的創作有特定的訊息及目的，希望透過作品與外界溝通及被見證。創作可以是平面或立體，甚至

行為藝術。作者可能在藝術博物館或社區場地展覽；或在社交媒體發佈。創作者的關注點可能是對技巧或美學的追求；對社會的申訴或批判；也可能與展覽的境域有關係。由這裡開始：創作發表與外界溝通，由內在到外在的被見證或接受。這種參與模式是開放而沒有受特定的限制：由創作者自主控制主題內容、展示形式、作品大小等。滿足藝術欣賞及自我創作兩個層次的需要可能是社群藝術及藝術教育。

當在藝術創作上加一些情緒表達的特質，便成為指導性的藝術小組：以藝術媒介促使團體在創作中有目的地發揮互動，應用那些物料和形式視乎導師的個人訓練。某些指導性的藝術小組有特定的規範和結構，也需要系統性的訓練。例如圓圈畫（Circle Painting）、禪繞畫（Zentangle）、曼陀羅（Mandala）或和諧粉彩等。這些非言語的藝術表達中，包含許多作畫者的個人感受或投射，故導師需要對於藝術創作表達有不同經驗，持開放態度，能夠接受及引導組員互相交流。有時這些有系統性的創作模式會被稱為治療性質的藝術小組，多由有經驗及曾受相關訓練的社工／護士／老師等助人專業帶領，以期對組員在藝術交流中可預期或不可預期的情緒反應有敏銳的觀察力及回應能力。

然後到了頂層的藝術心理治療，這並不是藝術治療比較高級的意思，而是很多時其他藝術活動滿足了個人需要，反而對藝術心理治療的需求不大。藝術治療通常用作深層次的個人重整；處理生命中難過的經歷或創傷；或尋找個人成長的方向。藝術心理治療師的訓練集中於這一部分。透過恆常會面，與個案，個案與創作，治療師與創作的三角互動關係中，反映及處理個案內在的情況。小組就多了組員與組員之間的藝術及人際關係，小組動力也在發揮。透過藝術創作、見證及分享，整理及消化在小組內牽引起的不同感受，從而達至自我接受、覺察、整理，甚至為經歷賦予意義。

藝術在生活上有不同的層次和角色，幫助我們抒懷、發洩、表達、溝通、專注、逃避、想像及整理。當人們找到自己的藝術喜好，可及時利用最適合自己的藝術活動自我調節。透過藝術欣賞、自我創作、指導性藝術小組，及藝術心理治療，滿足各自的生活需要，提升生活質素——在「好死」前先達到「好生」的境界。當歐美也開始在主流醫療服務中以藝術為藥方，我們也不應太低估藝術對優質生活的正面影響。只要分清楚個人藝術需要的淺深和方向，便可找到相應的藝術活動。

《藝術與藝術治療》

「藝術」這一詞含義廣泛：定義可以非常複雜含糊，也可以很簡單直接。藝術自古代開始就是文化、情感、經驗與智慧的呈現和紀錄，用不同的方式去記錄每一個時代的生活點滴，也很多時會牽涉靈性及宗教等儀式。

由古希臘羅馬時期的民生即藝術，以建築及家具等生活有著高度要求的工藝為美術起源，到文藝復興或中世紀對一般學問及創造的精細追求或表達也被視為藝術。所以除了實際的工藝製品，也包括幾何，建築，雕塑，繪畫，以及詩詞、音樂，舞蹈等等的實踐。後來到十七世紀末在法國出現了「純藝術」（Beaux arts）這個名詞，正式將工藝分家，將藝術定義歸納為表達思想感情、創造，模仿大自然及對美的追求。然後由唯物主義的寫實追求，或對人物宗教的呈現，文藝復興對技藝的追求，現實主義

中的立體派、印象派等，開始以不同的藝術風格把其非理性思想以理性方式顯示出來。到後來後現代主義，藝術家把自身的經驗、歷史、外在世界等的不同元素解構和拼合一起，由內而外地以反映自己或批判社會的主題發展創作。

由於藝術在文化及生活中的重要性，藝術在不同層面有不同形式的發展。本書未能將藝術的發展與類型種種詳述，只簡述一下藝術的廣義，有興趣的讀者可深入研究，可從慢長的藝術歷史中理解藝術與生死議題的關係。

社群藝術（Community Art）

社群藝術又稱社區或社會藝術。透過藝術媒介刺激思考對話、探索及建構社群內的共同議題、增強社群的自我信心與個人意識，以開放性與開拓性概念確立一個社區的身份認同。

藝術教育 (Art Education)

香港的主流藝術學科是視覺藝術及音樂。視覺藝術科分藝術評賞及藝術創作，旨在幫助學生獲得藝術及美感經驗、知識、技能、價值觀與態度，協助學生全人發展。在藝術課程訓練當中探索物質、文化和精神三方面的生活經驗，培養非言語主導的認知能力，發展個人與社會的關係與價值觀。

藝術治療 / 心理治療
Art Therapy /Psychotherapy

定義

藝術治療是一種獨特的心理治療。在藝術治療師的協助下，參加者可以在安全，非批判性及保密的環境下，以藝術創作為媒介去探究自我內心的感受。透過接觸不同的藝術材料及創作圖

像，與治療師一同整理情緒、探索關係，反映及接受自己的內在。作為一種不依賴言語溝通的心理治療，藝術治療能協助不喜歡或未能用語言作溝通的人，包括有語言障礙，或因為傷痛太難言喻，希望利用藝術創作去表達個人想法及感受的人。面對死亡或哀傷等沉重議題，藝術可以慢慢的讓感情細水長流地表達。

藝術治療師會協助使用者尋找自我的方法去使用不同的藝術材料，參加者毋須任何藝術創作經驗。藝術治療師會營造非批判性的空間，不會批評圖像的好與壞，也不會期望作品會怎樣呈現，無論是寫實或抽象的，或隨意的塗鴉及零碎筆劃均被視為創作。而與說話心理治療一樣，內容絕對保密，而且藝術作品也同樣絕對保密。

起源

藝術治療在英國最早記錄於阿德里安•希爾（Adrian Hill）於

1945 年名為《藝術與疾病》（Art Versus Illness）的文件。現代英國藝術治療界別一般以希爾為藝術治療的先驅。他以個人克服肺結核的經歷，開展與其他肺結核病患一同由欣賞藝術品，到動手創作及孕育個人價值及意義。及後更應用於二戰後的軍人。希爾在 1942 年命名「藝術治療」一詞，而英國藝術治療師協會亦於 1964 年成立。

藝術治療的發展在英國源於醫療服務，多集中於精神復康。許多精神健康醫院及服務中心都有駐院治療師，而藝術治療則是病人的醫療計劃中的一個選擇，通常與心理學家及家庭治療師等同屬一個部門。其後藝術治療的應用不只在於醫療體系中，發展至各種社會服務單位包括復康中心、學校、監獄、社區中心，或從事私人執業。服務對象包括家庭，普通及有特殊需要的成人及/或兒童，長期病患者或接受紓緩護理人士。此外即使沒有特別的精神或情緒疾病，藝術治療也可促進個人成長及專業增值。

藝術治療室、物料與創作方式

藝術治療室一般與美術室差不多：有合適的工作枱，有足夠及可上鎖的儲存空間擺放藝術作品。而藝術物料方面：各種乾濕軟硬的顏料；各類質材的紙張及畫布；各式各樣的拼貼物料例如鈕扣、小貝殼、小石、木片、羽毛、毛球、絲帶、繩等。而立體創作物料包括陶泥、黏土、泥膠、塑型用工具、以及建造立體結構的工具包括鐵線、木條、膠管等。最理想是房間有洗手盆提供水及清洗用具。房間內盡可能不要掛有其他藝術創作的圖像，最好是簡單清空的牆壁。如果有窗戶或門上有透明玻璃的話，盡可能遮掩去減低被人看到房內情況的機會。有時，也會有一些圖片存庫，或各類型的小模型，在創作過程中提供啟發及互動。也有一些藝術治療師會配合沙遊治療所以也提供沙盤。

而關於創作過程，與一般藝術創作無異，主要是透過個人手法，製作平面或立體的作品。由於不同人對於創作的信心或靈感來源也不同，藝術治療師會協助參加者用自己的方式去創作。筆者喜歡將創作的過程以圖理解：

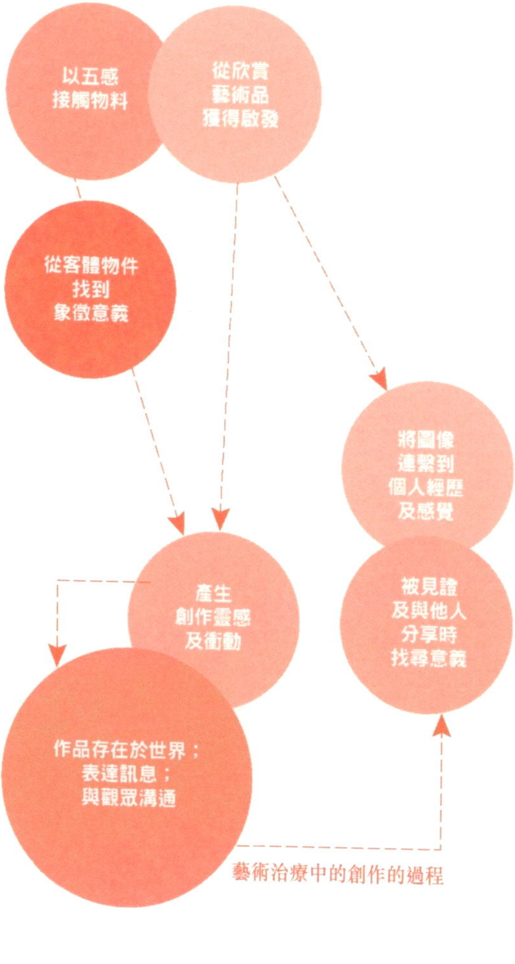

藝術治療中的創作的過程

創作可以由內在想像空間中產生靈感，也可從外在一些接觸而得到啟發。從欣賞藝術，或從視覺、聲音、氣味、味道及觸感等五感引發出創作的靈感與衝動。而創作可探索非現實的視覺景象，同時作品亦真實地存在於世界，受地心吸力、空氣、溫度、及環境影響。而存在於現實的作品，在表達訊息並與觀眾溝通，令人有不同的聯想。這些都是藝術創作可能牽涉的過程。而在藝術治療中，治療師專注於個案的創作呈現於現實後，如何連繫他自己個人感受，以及從感受中找到意義，理解自己的內心世界。從被治療師見證、接受、及反映的過程中，探索創作與內在感受的關連。

在香港由於空間問題，很難得可以在服務機構安排特定的藝術治療室。又或者在醫院的環境，藝術治療服務需要非常彈性，因此流動藝術治療物資車可迎合環境的需要。

形式

藝術治療的模式分個人，小組及開放工作室。於個人藝術治療中，藝術治療師會與使用者會面一至兩次作為評估。每次會面時間約為六十分鐘，治療的節數及長短視乎個人需要，這方面藝術治療師會與參加者討論；一般情況是最少為四節並且是每周或每兩周一節有規律的會面。而小組藝術治療方面，小組人數最少為四人最多為十人。人數的多寡與實際的治療房間有相對性；也與小組的時間長短有關。治療師會按參加者情況及實際環境的限制去制定這些範疇，而且不輕易更改。有時組員的治療目的可能相若，例如大家都面對焦慮或抑鬱情緒問題等；也有些是從年齡層或性別去分別如成人組或男士組等。有些小組模式是有結構性(structured) 或以特定主題為本 (theme-based)，也有是非主導性（non-directive) 的小組。每次會面時間約兩小時。同樣，治療的時間及長短視乎小組需要，藝術治療師會與成員討論。會面次數

大多為六至十二節並且是有規律的。至於開放工作室，是定期開放工作室予參加者按個人需要參與創作及分享，一般是每星期一次或每兩星期一次，視乎對象的需要。這模式比較適合已參與過個人或小組藝術治療的人士，由於參加者對個人需要及由創作所引起的種種情緒有初步的認識，故能按自己需要去參加小組，並不需要每次出席。

轉介

在香港，如果是社會服務機構中的藝術治療服務，就個別服務單位會有轉介系統及指引。一般由社工、老師、心理學家或其他助人專業人士轉介，也有由家長或個人自我轉介。而私人執業的藝術治療師也普遍接受其他助人專業或自我轉介。有關轉介的條件及詳細評估視乎服務對象的需要而稍有不同，但大體上包括心理、情緒、家庭關係、成長發展，及認知及行為四大方向。

專業訓練及監管

藝術治療師與一般支援人的工作例如醫生、護士、社工及老師一樣，在與個案工作時需要遵守由專業監察機構所提供的專業守則及道德標準。在英國，非註冊藝術治療師提供有關藝術治療工作或濫用藝術治療師這個專業名稱即屬違法。由於藝術治療師在工作上需要支援可能處於弱勢或情緒低落的個案，故接受過有系統的專業訓練是非常重要的，就如醫生及社工等需要註冊一樣。可惜現時香港未有法例監管藝術治療工作。於香港，大部分藝術治療師都於英國、美國、澳洲及加拿大註冊，大眾可於不同國家的藝術治療師協會或醫護專業協會查明個別治療師的註冊狀況。

這十幾年來香港藝術治療的發展可以說是百花齊放，在不同國家進修的人共同於香港發展藝術治療，正有利於揉合不同國家的理論及方法，發展出具香港特色的藝術治療。香港藝術治療師

協會亦於 2002 年成立，至今已有35名專業會員。由於筆者於英國進修，所談的將以心理動力學藝術治療的理論與模式作為依歸。

治療界線及安全空間

藝術治療其中一個最大的目的是建構內在的心靈空間去承載個人感受，而界線定義空間的存在。界線是治療師的把關，也是藝術治療與其他藝術活動的最大分別。由於無界線的空間與迷失是一線之差，所以所謂「非主導」是指對藝術創作的方向，而不是對治療過程沒有控制，尤其是對於面對死亡及喪親的個案，所探討及抒發的「劑量」需要與個案慢慢地共同評估。

在藝術治療中，界線有實體的也有非實體的。房間，桌子或創作空間，畫紙的大小，藝術材料的種類及多寡，與參加者的不同能力（身體或精神上），也構成實際的界限。而小節的長短，會面的間距，治療師保護及管理創作品的能力，與個案及其他工作人員的關係，都構成非實體的界限。當治療師保持這些界線的穩定性，內裡的就是空間，參加者可以在內自由自在地探索。當他們偶爾碰到或刻意大力撞向界線，穩定的邊界會將之回彈，而且不容易改變形態。同樣地，外面的人和任何事，也沒有辦法進入，沒有辦法影響內裡的人和事：就是治療中的安全空間。而在不同的處境當中，界線的大小也按需要來釐定。

很多時參加者對這個虛實的界線感到迷茫，需要用行為去試試界線的存在。實例如小孩遲遲不進房間，然後拖到最後15分鐘才開始進入狀態，最後不能預期完成，賴著不肯走，甚至發脾氣。這是對時間界線的推延。在處理這情況時，很多人不知如何是好，便會讓孩子磨下去；這是孩子在尋找「控制感」的最常見情況。

而關於自由創作，孩子經常提出：「那可以將顏料噴在布沙發上嗎？可以在牆上做大型雕刻嗎？」

「可以將所有塑膠彩倒進洗手盤嗎？它的流動對我來說是創作。」

這些是對實際環境的界線推撞，治療師也應了解對方想衝出界線的原因及一起探索後果。例如當創作是連在牆或地板，或在洗手盤流走了，當清理及還原治療室時，就沒有辦法將創作保留下來；當創作改動了房間的基本設施，也可能影響到其他人使用房間。然後想辦法協助他用其他方式去達成創作原意：張貼大的畫紙在牆上創作；或製作流動顏料畫，用其他方式將靈感變成創作。

治療發生在這樣的時空中，如何讓不同的人學習在有限制的地方中自由創作，容讓他天馬行空的創造力，卻理解這自由當中的界線，才能保護他免於在日常生活中因為沒有界線而違規，這是相當困難而又必須注意的。治療師透過界線的大小及鬆緊，去控制自由探索中跑出來的情緒/情感或潛意識的份量，而這個份量，是有足夠時間及資源去消化、處理、重整，而且不會太過量，不可以讓個案覺得太沉重甚至影響生活。

藝術教育及藝術創作的界線可以非常彈性，但藝術治療師就需要顧及創作與情緒的關係：要敏感地平衡界線與空間，就著不同處境的個案調節情緒探索及表達的份量與淺深。每個個案都有不同的需要，所以經驗沒有讓我快一點找到平衡點，但我情願參加者覺得悶，沒有探索很多，也不會讓他筋疲力盡，受不了沒有預期的情感爆發。或因為思念太多來得太快，離開治療室後一整個星期沒有辦法入睡。

有關藝術治療的參考資料

香港藝術治療師協會（2021）《藝療藝瞭——香港藝術治療的發展與實務》。香港——夢企劃出版。
泰沙•達雷等（1995）《藝術治療的理論與實務》陳鳴譯。台灣——遠流出版社。
Edwards D. (2004) Art Therapy. Sage: London.

『以藝術作治療』與『藝術心理治療』

藝術對社會有多面的影響，而且在不同的角色上發揮。『以藝術作治療』或『藝術心理治療』在精神健康層面同樣重要。而整個藝術光譜上牽涉藝術家、藝術老師、藝術導師、藝術治療師、社群藝術行政人員、策展人、藝評人、藝術研究人員等等。

大家都會就人們的需要在不同層次中提供藝術服務。雖然有時不同的角色會有衝突：例如街頭藝術講求表達，藝術治療卻是保密；藝術治療師不會在公開場合做心理治療等。每個藝術範疇都有各自的關注點，有時可以互補，有時可以混合，但亦有時互相排斥。要發展藝術與治療，不同崗位的藝術工作者需要溝通及協調，並以開放的態度去互相接納和包容，才可以令藝術整個大光譜在社會上產生正面而持久的影響。

作為藝術工作者可能明白每個崗位的不同，但普羅大眾不容易理解當中分別。容易誤以為看展覽一定是藝術教育；或以為有療癒效果如禪繞畫的就是藝術治療。所以藝術工作者要多提供業界的資訊，要理解自己對提供不同藝術介入的能力和限制，讓大眾選擇適合自己的藝術活動。

而當大眾了解自己的藝術喜好，便可以自行按需要安排藝術活動。例如多久會去看展覽，何時習畫或填色，喜歡什麼藝術興趣班，學習創作技巧及接觸不同媒體等，透過自主接觸而提升對藝術的興趣，在過程中專注自己，放鬆心情，從而促進健康生活，達至「以藝術作治療」的目的。在某些個別情況下，可能自主參與的活動未能調節個人情緒，或情況複雜需要尋求心理上的協助，藝術心理治療可以是其中一個選擇。

而藝術治療也分很多不同「門派」，有人喜歡以藝術為主，有人信奉創作中的隱喻，有人重視過程，或重視治療關係：這都跟藝術治療師的訓練、實習督導及個人修行有很大的關係。

簡潔地整合用藝術需要去界定的「以藝術作治療」及「藝術心理治療」的分別：

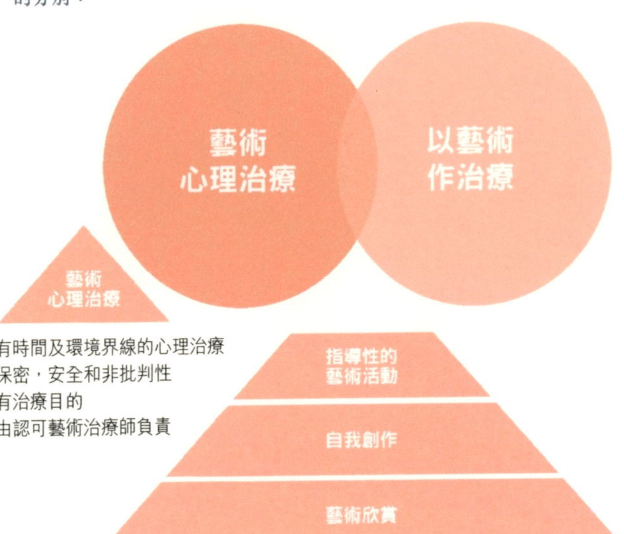

- 有時間及環境界線的心理治療
- 保密，安全和非批判性
- 有治療目的
- 由認可藝術治療師負責

- 可以是個人興趣，溝通或表達
- 可以有或沒有特定框架
- 可以是有治療性的
- 但不會有治療目的
- 由藝術家，老師和受相關藝術訓練的導師負責

藝術鬆一鬆 ❶

開始參與藝術：

無論有沒有藝術經驗，或是否有受任何藝術技巧的訓練，你也可以用自己的方式去接觸藝術。試著在這兩星期，為自己或邀請親友一起訂下一個參觀藝術館的行程。可能因為疫情需要選擇虛擬藝術館參觀，但也可視為一個開始。不用擔心自己有沒有看懂，因為當覺得沉悶時可隨時離開。香港康樂及文化事務署轄下的藝術館及展覽廳，或其他私人的藝術單位也有提供實體或網上的展覽，藉此作為以藝術照顧自己身心健康的開始。

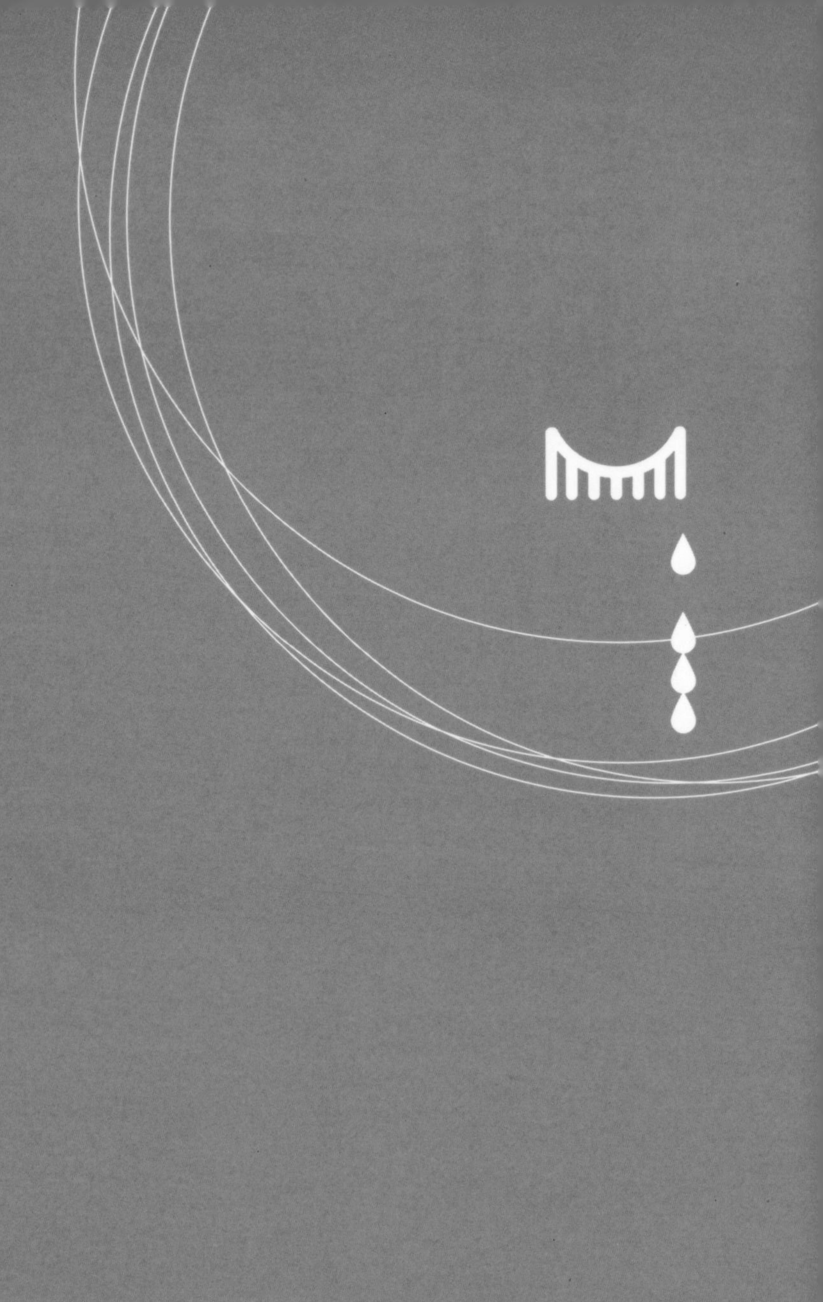

2

藝術的表達和轉化本質

藝術創作牽涉不同的物料，
而創作過程活像賦予力量或轉化痛苦的儀式。
身體五感與物質的接觸，聯繫感覺和思想，並建構出內在圖像。
這種由內而外的藝術創作成為探討個人感受的重要媒介。
由於藝術的表達性及轉化的功能，對於處理自殘，
面對離別及喪親的人有不同的作用。

《自殘、身體修飾與痛苦的轉化》

文化背景及原因

在不同文化語系上都有一句差不多意思的人生座右銘：沒有痛苦，沒有收穫（no pain, no gain），是有關承受痛苦與收穫的經濟學。人們相信在生活中要利用苦力血汗去換取好處或從中有所得著。春秋末期越王勾踐臥薪嘗膽，就是自虐。就是作為王的不求安樂，刻意磨鍊意志，相信承受痛苦後會脱胎換骨。

犧牲精神也有類似的意思。如代罪羔羊（Scapegoat）是宗教儀式或祭祀過程：透過犧牲一個個體，是動物甚至乎少男少女，被淨化後奉獻予大地、眾神，或其他強大的力量，就可以換取社群的安樂，或減少天災人禍；相信犧牲儀式會轉化成力量的信念，普遍於世界各地部落文化之中。

身體修飾

紋身和身體穿孔等都是源於改變身體去達至某種轉化。世界各地不同的文明起源也有類似的行為。例如原著部落的成人禮中，往往有刺青 (Tattoo)，割傷面部及身體，或用火燒傷自己的行為。無輪是痛苦的過程或留低的疤痕，都含有傷害身體為了淨體，以轉化變強的意義。從生活文化或靈性層面看，刺青（紋身），割傷自己，身體穿孔由古代開始可以是記號，有懲罰罪人或記下戰績等作用。在中國岳飛「精忠報國」的故事中，岳飛媽媽忍痛刺青在兒子的身上，就是為了賦予他力量及信念，透過痛苦和印記去堅持重要的價值。近代也有像日本文化中，紋身師以皮膚為畫布，相信將整個身體紋身就會被賦予力量——這是自我表達、發掘和蛻變的過程；從中去確立個人在靈性上的自我認同。身體修飾由儀式慢慢進化普及，近年由社會邊緣走到主流文化，成為時尚風氣。也有不少名人，公開自己的紋身為了紀念特別的人和事：有悼念死去的親友；也有紀念孩子出生等等，所以紋身也成為印記的象徵。

自殘與自我割傷（Self-Mutilation）

當我們不開心或比較低落時，有沒有試過想去剪個頭髮，改變形象，讓自己有一種煥然一新的感覺？這也是嘗試改變外形去轉變心情的行為。當然，身體修飾如紋身和穿孔也有差不多的意義，只是對改變身體形態有比較長久的結果。

𠝹手／自我割傷（Self-Mutilation）是嘗試轉化痛苦或改變自己的更極端做法。自殘與自殺不同，自殘是對自己身體的傷害而沒有或不會達到自殺的後果 。所以最終目的不是死，而自殺失敗又不算是自殘。自殘一般被醫學界認為是病徵，不是疾病：在一系

列的精神疾病中都有機會出現。但若果明白自殘行為尤其是自我割傷背後的自救機制 (Coping Machanism)，將之與紋身或身體穿孔等身體修飾扯上關係，就可以理解背後自我療癒的意義及轉化傷痛的動機；再將之聯繫到文化、儀式及痛苦經濟學，這些被認定是在情感與認知錯亂下的自殘行為，由單純是病徵，或會被考慮為文化承傳下來的自我賦予力量及轉化痛苦的方式。將自殘行為變成創作，使藝術作品變成代罪羔羊，成為轉化力量的象徵。而藝術創作過程，不僅僅將感受由身體轉移 (Transfer) 到作品（客體 Object) 上，同時將暴力變成藝術，破壞行為變成創造，亦可達致身體修飾或自我割傷行為的轉化目的，而且可令人增加自我掌控感與自信心，在不用傷害自己的情況下安全地表達情感，整理思想。這些身體修飾、自殘及藝術創作的相連點，成為了以藝術治療處理自殘行為的優勢。

藝術的轉化力量

當一個人經歷苦難太多，很難相信會再有好事發生。無論是疾病或意外，當一次次地經歷了「失去」，如何才可以令他相信美好的明天會降臨？我們是靠什麼走過無盡的黑暗？不同的宗教為很多無名苦難賦予意義，無論是天堂地獄、因果輪迴，從中可找到受難的原因及意義，令人咬緊牙關捱下去。而藝術創作也有在過程中為苦難賦予意義的作用，透過藝術性表達為情緒找一個出口。

自殘小孩的創造

孩子被轉介到藝術治療：第一次不肯進來，不作聲，亂跑或情緒失控，都是平常事。他們可能不太了解為什麼要來，要見誰，

而且不知道要做什麼。而孩子與治療師會面，有時會透過拒絕、測試，傷害等推撞界線的行為去確認與治療師的關係。當安全感建立起來，孩子才可相信治療師真的可以照顧那個破爛了的「不平常」孩子。一些兒童個案非常複雜，當事人有完全默不作聲或像是精神上麻痹了的，完全不能用言語去表達自己的經歷和感受。然而他們的經歷往往是有父母過身，或患有危疾，或被拋棄，虐待或性侵等身心創傷。

好些經歷創傷的孩子，嚴重的會出現各種自殘行為去宣泄或表達難受的情況：十隻手指頭全被咬破，或頭髮被扯得見光，充滿身體抓痕，手腕都是刈疤，甚或曾用頭撞牆等等。

每每遇到這些孩子，某些轉介的同工會言帶不屑地形容：

「不知怎樣處理這些拉小提琴（割手）的，明明大家協議好但總是看到染血的校服！」

「看到傷口我也覺得很變態！怎麼會做得出？」

「再不停止撞牆又不能回學校了！」

家長，老師，或社工們都好希望盡快停止這些令人覺得可怕的自殘行為，當然沒有誰想看見孩子受傷。但同時覺得莫名奇妙，為什麼會有人選擇傷害自己？而且對孩子有一種令人羞恥的感覺。因此當事人大多不想詳談有關自殘的事及感受，這也很可以理解。自殘是遺反天性的事，這種病態帶暴力的行為與文明及生存的意識不相容，每每不為社會文化或宗教所認同。由於自殘是個人選擇性，同工很難將自殘視為一種受害過程，往往認為這些個案正在浪費那些「真正」受害者的資源。特別是當自殘者在傷口復原後又再自殘，無視任何人對他的照顧及關懷。

夢幻星不到十歲已曾獨個兒為患病的媽媽叫救護車。當她年紀還很小時，媽媽長期住院，爸爸又突然離世，所以出入於兒童之家或親戚家中。當時她經常情緒失控，會打破東西，用腳踢牆，抓傷皮膚，嘴裡一直說很想死去就算。當我見到她一身的瘀青還

有抓痕，想像她因為這種痛苦很難承受，需要用暴力去抒發對現實的憤怒：可是又不認同有誰應該被暴力對待，惟有將很想破壞去宣洩的情感內化轉向自己，而且傷害自己比傷害誰都容易。

我問她痛不痛，她搖搖頭，我說：「看上去感覺會是很痛的。」

接觸這些孩子都讓我感受到一份強烈的脆弱感。那種可以隨時放棄自己，沒有人會介意，又或者只有自殘時身體感受到真實的痛楚，才分得出什麼是痛楚，而不是麻痺！

與夢幻星的會面由這種點頭或搖頭的動作中默不作聲地開始了。雖然沒有言語溝通，但她很主動去接觸藝術物料。經過大約幾個月的恆常的會面，由同學與學校，媽媽與醫院等藝術創作開始，她開始開口跟我分享感受。

當關係進一步建立後，我利用吸收能力很強的粘土與她慢慢將複雜的感受帶出來。由按著呼吸搓揉，到大力拋到木桌上，到用粘土刀辨開或插穿粘土，接觸物料的整個過程像是安全地將難以消化的憤怒——將失去爸爸、擔心失去媽媽的複雜情緒安全地由內而外釋放出來。沒有因為情感太強大而支離破碎，也不會嚇怕藝術治療師，憤怒情緒被整個空間一同承載並接納，而粘土最後由散亂破碎轉化成卡通人物、曲奇、波板糖等令她開心的東西。

有一次，當媽媽突發的需要到醫院接受治療前，擔心孩子知道後會再次傷害自己，便帶她來藝術治療室。那時夢幻星完全説不出話，只靜靜地拿起顏色畫畫。她畫了些大小不一的雲，再加上由天空射在地上的淺黃色放射性光線（耶穌光），光線下面是帶著笑臉的媽媽升在半空，嘴邊寫着「再見！」。

夢幻星——《媽媽向我說再見》

「很怕媽媽死去……」說罷眼淚就洶湧而至，我靜靜的陪伴在旁邊聆聽，然後待她停止說話後，我邀請她用呼吸幫忙抒發胸口的鬱悶，運用雨聲筒大力呼吸，連帶發出釋放的呼叫聲。她再轉用浪聲鼓，大力地敲了幾下，慢慢再控制着鋼珠的速度，輕柔地由驚濤駭浪變成退潮時的寧靜海邊。我邀請她回到自己的創作和想像，繼續聆聽她的心聲。

慢慢地，笑容再次出現在充滿淚痕的臉上，當媽媽進入房間，她哭嚷著擔心媽媽離世，媽媽也自然溫柔地接受她的情緒，也叮囑不需要再為了怕媽媽擔心而壓抑情感。最後，這次媽媽進院的危機沒有觸發她傷害自己，反而自覺地利用藝術創作去表達感受。往後媽媽住院的日子，她利用藝術日記在家記錄心情，並帶回治療室與我分享。

離開前他們一起完成一件「手牽手」的倒模創作，緊握著對方。藝術發揮的作用不只是為他們做一件紀念品，而是在過程中

反映及表達真誠的感受，找到個案在生命中積累出來的內在資源；在艱難中，在自己、人與人之間、甚至乎外在環境及靈性資源中尋回希望。靠著與治療師建構起安全的治療關係，修補創傷並提升抗逆力，重塑內在的自我接納及轉化機制，藉此促進親子關係。

將吸收了負面情緒的陶泥
轉化成玫瑰

親子手牽手的石膏倒模。

見證自殘孩子的感受

每每遇上自殘的個案，總讓我想起小時候的我。朋友間都在複雜的家庭成長，一班年輕又不顧後果的孩子，因為彼此間的關係有時會情緒激動拿起鎅刀割傷自己。起初也以為自己是跟著一起玩玩的，後來卻發現自己好像一直也靠這個方法去處理傷痛。每當心裡出現受不了的疼痛，就要割開皮肉感受到痛楚才知道什麼是痛，我看著自己流著血一點也不怕，怕的是身邊的人。有時原因是抑鬱，有時是高漲過後的失落，有時根本沒有原因，反正三種感覺一直循環，總使人離不開那黑暗的中心。如果我生在這個年頭，應該早就被送院，懷疑邊緣人格障礙或躁狂抑鬱症。

後來慢慢接觸到藝術創作與音樂，自殘的習慣就不知不覺地停了。反正當情緒來臨時我會一整晚抱著吉他，或拿著畫筆，透過創作去讓自己抽離或平靜下來。後來剛成年就開始紋身，一連幾個在身體上的紋身，每次也有種「變身」的感覺。而紋身的圖案，正好也是一些對自己某黑暗部分的接納與盼望。

有了這些紋身，並不代表我就沒有了負面抑鬱情緒，只是整個過程讓我反思及接納自己。當然不是說去紋身就可解決問題，何況可以達到反思的方式很多，但是紋身對於用自殘方式去處理負面情緒的人，除了裝飾之外，這可能是一種轉化的開始。

後來畢業後投身社會，由於是社會服務的關係，對身上的疤痕及紋身小心翼翼地遮蓋。一來依然帶著那種自殘的羞恥感，同時也擔心服務使用者及同工對自己的看法，也害怕青少年跟隨自己的做法。一直到自己修讀藝術治療時，在治療小組中才有勇氣重整這些令人難以啟齒的經歷。經過藝術創作及與治療師的分享，對自己多一點接納及明白，不再常常為自己的過去感到可恥，重新感受如何將情感透過創作表達，同時好好保護自己的身體。往後讀到有關藝術治療與自殘的書籍，更明白自己的經歷與藝術

的關係。

由個案回到自己的回憶，我不是以自己的經驗去揣測對方的感受，反而是要好好掌握個案對自己的心理影響，而盡量避勉由於個人情緒起伏而影響對當事人的覺察：怎樣冷靜地同理及聆聽對方，而不是急於讓對方知道我是明白自殘的感覺。

當看到他們身上的血痕，不要立刻拒絕或避開這些話題，也不要不停追問，因為這些感覺與經歷不會因為不談不問或訂立協議就自動消失。我們要處理的不只是眼前的自殘行為，而是理解這種自殘手法背後隱藏著的感受。要讓對方感覺被接納，才有可能進一步探索下去。

日本有一名藝術家阿部幸子（Sachiko Abe），年輕時由於抑鬱症，自殘及自殺，一直住在精神病院。在住院期間開始剪紙，她注意到剪刀的節奏、剪下紙的粗幼和長度，都反映出她的心理狀態。一般粗幼是 1mm；緊張或是有些許壓力時，粗幼是

0.5mm；在抑鬱時，粗幼約為0.3mm。她後來將作品展覽，甚至曾經在英美藝術館作現場表演。在現場，阿部幸子的剪刀和揚聲器連接在一起，當觀眾靠近藝術家時，會感受到聲音的變化。平靜的氛圍和被放大的剪紙聲音，形成了一個特別的場域。

看來是破壞物件本質的藝術創作，在意義上是表達及宣洩在現實生活中具真正破壞力的情緒。而這種近乎儀式性的創作過程，並不會傷害任何人，往往卻安全地將暴力轉化成情感表達，讓壓抑的情緒得到抒發。

- 如果自己或身邊的人有自殘行為，而情況逐漸失控，或嚴重影響日常生活，請尋求專業人士協助。如發現家中未成年孩子有自殘行為，可嘗試了解情況，並聯絡學校社工或輔導老師，與孩子共同商議支援方案。
- 如果情況突發或牽涉重大的身體傷害，甚至乎有自殺的目的，傾向或企圖，請立即報警或致電2735 3355召喚救護車。其他社會服務機構求助熱線：

- 香港撒瑪利亞防止自殺會熱線：2389 2222
- 醫院管理局精神健康專線：2466 7350
- 東華三院芷若園熱線：18281
- 撒瑪利亞會熱線：2896 0000
- 社會福利署熱線：2343 2255
- 生命熱線：2382 0000
- 利民會《即時通》：3512 2626
- 明愛向晴熱線：18288

有關自殘，身體修飾與轉化與藝術與治療的書籍：

藍建文《陶藝藝術治療和情緒調控 ：理論基礎，研究與應用。》2017，香港

Rush, J.（2005）. Spiritual Tattoo: A Cultural History of Tattooing, Piercing, Scarification, Branding, and Implants（Illustrated ed.）. Frog Books.

Milia, D.（2000）. Self-Mutilation and Art Therapy: Violent Creation（Arts Therapies）（1st ed.）. Jessica Kingsley.

《死亡臨近的陪伴》

對生死議題的好奇由自身引伸至工作層面，由安撫喪親義工，到成為治療師去接觸生死邊緣的個案，發現藝術的儀式性與寧養照顧及哀傷輔導不謀而合，便開始專注以藝術治療陪伴晚期病人，探索藝術創作中的象徵性與死亡議題的關係。

遺願冊

有段日子，我帶著一本「遺願冊」，先從身邊好朋友開始，問他們死後想我幫忙做什麼。起初有些人先「啋」一聲，然後說沒有什麼需要。過一會又說了些實際的事情和人物，交托我怎樣去聯絡及協助。回想起，我們都需要時間慢慢想，思考的過程會找到對自己重要的人和事。

第一次在工作上接觸到死亡時還未有當上治療師。那時在社區當活動幹事，負責訓練青年義工。跟我最常見面的一位義工，她爸爸癌上末期肝癌，醫生說三個月內會離世。那位義工原本跟爸爸關係很好，到後期拒絕回家照顧爸爸，更是一副嬉笑自若的樣子，害得家人很傷心難過又責怪她冷酷無情。

我回想到爺爺離世的事：他明明已經做好手術回家休養，但突然又感到不舒服，到醫院去並發現先前是誤診了，立即要做一個大手術——他就在過程中去世了。嫲嫲那時不願意去醫院，待在家中的她傷心得很。就是因為傷痛太大，除了逃避她沒有辦法。因為嫲嫲是長輩，沒有人會多加意見。但義工的身份是亡者的兒女，她的逃避難以被長輩理解及接受。

我找到機會跟那位義工單獨見面，直接問她有關爸爸的事。起初也笑笑的說她不在乎。然後我說：「爸爸即將要離世了，你知道死亡的意思嗎？」然後她放聲大哭。說她很怕看到爸爸身體

的改變，愈來愈差的面容，以及每天在家喊痛的聲音。

我靜靜的聆聽，讓她好好哭一場，再一同回家探她的爸爸。她走到床邊抱著爸爸，兩人都說了很多關愛對方的說話，流了好些眼淚。當死亡很接近時，那種強大的恐懼感人是很難承受的。很多人選擇逃避，有些人選擇或假裝自己不在乎，也有些可以開放地面對。當中沒有誰對誰錯，重要的是我們接受及理解每一個人面對死亡時的選擇。

那時我沒有受過什麼訓練，也不是在做哀傷輔導，只是出自本能反應及對義工同事的關懷。後來開始在藝術及復康界別工作，接觸包括智力、肢體、精神障礙者，和失明或失聰等不同能力人士。由於某些例如遺傳性疾病，對嚴重智障或肢體障礙的人，死亡可能來得更快更突然，所以我有更多機會接觸死亡，對於生離死別的感覺愈來愈沒有想像的遠。

在藝術治療課程畢業後，我留在英國繼續做青少年及兒童精神健康的工作。兩年後回港以自由工作者的身分，開始在社區，醫院，學校，及長者中心做藝術治療工作，服務開始復蓋生死議題。及後在紓緩科為日間病人做藝術工作坊，雖然角色是藝術導師而不是治療師，所以沒有介入建立恆常的治療關係及跟進，只是以藝術導師的身分預先設計創作主題，集中以藝術表達去展現參加者內心感受，希望過程令參加者身心放鬆，抒發情緒，享受創作的樂趣。整個過程見證了參加者用藝術說自己的故事，回顧人生，懷緬過去，一同去頌讚生命。

後來報讀了香港大學行為健康中心的「美善生命計劃」中名為「二人三囑」的哀傷輔導訓練課程。上課後對生死教育及哀傷輔導產生了很大的興趣，也從中發現自己的哀傷經歷不知不覺已在藝術治療的訓練中好好地被處理過：由接受創作所呈現的悲傷，在反映、見證及分享的過程中，接納面對死亡的無奈，轉化令人窒息的絕望，從失去親人的哀傷中，找回與逝者的美好關係

與生命的意義。在這課程得到田芳女士的啟蒙，學習到什麼是陪伴同行的寧養照顧，以及在喪親輔導中如何協助家屬找到生存的力量，開始發現到死亡與哀傷不只是痛，也包含著愛。

就在這時候傳來嫲嫲確診末期癌症的消息。在她最後的日子中我與她一同慢慢做生命回顧，計劃餘生。這說起來樂觀，經歷起來不容易；尤其當她的身體愈來愈虛弱，癌痛及其他身體疼痛也讓生活質素每況愈下，我只能坐在旁邊按摩著她水腫得厲害的身體，同時聽她說自己刮薑的技術及編織的天份，也好好安排了預設醫療指示及她理想的身後事。當她再一次入院，情況愈來愈差，我向醫生要求轉介到紓緩科，姑娘告知我床位不定，要看看怎樣。這時候我剛得到一個特別的工作機會——到香港癌症基金會當藝術治療師，嫲嫲想要我申請，幫忙照顧其他有需要的癌症病人。我面試後幸運地給取錄了，嫲嫲就被安排到紓緩病房了。我抒一口氣，感到非常安慰！也敦促自己必定要努力去做好這份工作。

記得嫲嫲轉到紓緩病房前，我獨個兒在病房陪伴她。隔壁的婆婆床邊的機器突然不停響，然後護士急忙地通知家人。聽著機器在慢慢停止，護士在電話中催促家人，病床邊空空的，然後我沒有多想便跟她說了句：『婆婆不用擔心，一路好走。』可惜家人來不及趕到。這是我第一次慢慢地近距離見證著他人死亡。

這次經歷讓我知道一個人在醫院離世的情況：呼吸聲、機器的警號、以及一連串的醫護程序等等。到嫲嫲離世的時候，我沒有覺得不知所措，反而在靜候那一刻。跟她説聲放心，不用害怕，一路好走。

這些經歷讓我慢慢地有信心幫助別人面對死亡議題，對承托別人的哀傷有些準備。這是人生歷程指引我到這個服務範疇，所以這工作對我來説特別有意義。陪伴嫲嫲患病的過程中，理解到與她一起作生命回顧，對死亡開放地討論的重要性，想像如果在一個人要預備死亡時當上這個陪伴的角色，見證著人性的善美與

堅強，也很有意義。所以我下定決心，遇上個案死亡或哀傷時不會退縮，盡力按需要協助，自己也建立起愈來愈實在的價值觀：活在當下，放下執著的信念。

往後在癌症中心，醫院和機構的服務，開始了陪伴病人與家屬。大部分的工作是小組藝術治療，涵蓋不同病科及不同階段的癌症患者。因為不是所有患者都是瀕死的，所以藝術治療也應用在重整患病經歷，抒發他們身心經歷治療過程的感受，及尋找生命的方向和意義。但對於病情較差或屬於復發的個案，小組形式未必可以配合需要，很多時都以個人藝術治療方去支援患者。

當死亡臨近

與晚期病人的藝術創作，都圍繞面對死亡的重要的議題：與親人朋友的關係，靈性的方向包括死後的世界或受苦的由來等。

不同年齡的晚期病人有很不一樣的需要。年輕病人，有子女的中年人，年紀大的老年人，很多時在最後的日子病情反復情況下，大家關注的東西都不同。

大限愈近，大部分病人將專注力由擔心病情轉到摯親如父母或配偶與子女，想像對方如何面對自己將要離世的消息。而選擇治療方案，也成為自己及家人之間最大的矛盾。家人當然想嘗試任何療程去治癒親人，但當事人可能不想再承受入侵性治療的痛苦或副作用。因此，有時病人會對家人，特別是年老的成員隱瞞自己的身體狀況。

老父母要面對自己的離世，對於一些年青人來說，要父母承受白頭人送黑頭人之痛，感覺彷彿自己沒有盡孝，自然對病情難以啟齒。因此瞞著家人一直不將實情完全告知，到後期身體狀況愈來愈差時，才迫不得已要跟父母交代。有些人更選擇完全不交代，很多時到最後令喪親者更難面對哀傷：因之，我常鼓勵在這類個

案中的患者與家人朋友用創作的方式一起了解病情的嚴重性。

Iris（丈夫希望用回她的真名）是我第一個陪伴面對死亡的個案。一位中年女士癌症病情反覆，康復後又再復發。一直比較擔心媽媽和丈夫如何面對自己將要離世的消息。由於癌痛令 Iris 情緒愈來愈大。在個人會面中她一直嘗試以藝術創作抒發情感：無時無刻的呼吸困難，在晚上尤其要緊的疼痛，都在藝術日記中以粗糙的線條及深沉的顏色表達出來。後期也包括很多宗教的象徵及祈禱性的創作。我們的見面除了創作，也一直探討生命中重要的東西。

藝術日記中的情感表達。時而承載痛苦，時而孕育希望。

與親人的告別

後來我邀請她在親友陪伴下，用創作的方式與媽媽一起了解病情的嚴重性。大家用布一邊撕開一邊罵，將面對癌症的憤怒，想消滅癌細胞的心，用物料轉成絲帶變成神仙棒再化成舞蹈。在一片哭笑聲中向父母訴説病情，大家互相説聲對不起，也含淚説聲愛你，從來沒有怪你等等。藝術治療沒有改變癌病存在的現實，但在「做什麼也沒有用的」晚期病人身上，透過創作及治療師的陪伴，表達及整理患者面對死亡時的混亂情緒，騰出更多心靈空間，回顧美好人生片段，放下難過執著，原諒自己及身邊的人和事，為親人預備自己將要離世的事實，也為自己面對死亡作好準備。

有一段時間，Iris 和先生 Ricky 一起做夫妻藝術治療，一起透過創作互相支持和安慰。那短短的幾個小節中，大家不再專注於討論療程或生活安排，只有深情地望著對方，也隨意的在同一張畫紙上創作：回想起拍拖的甜蜜，笑説兩人一去郊游的悠遊自在。二人藝術創作提供了夫妻之間有質素的相處時間，回顧開心生活片段的機會。

〈簡單愛〉

Iris和先生Ricky一起的創作。雖然一起經歷病痛，但兩人一起創作的時候也忘卻煩惱，互相表達簡單的愛。

- 筆者沒有很多夫婦藝術治療經驗。表達藝術治療師張文茵博士於2020年發表了藝術為本的夫婦小組。英文為 Chang, M.Y.F. (2020). Exploring the Therapeutic Elements of Arts-based Couple Group: Perspectives of Women with Breast Cancer and their Partners (Unpublished doctoral dissertation). The Chinese University of Hong Kong, Hong Kong. 文章將於2021年正式出版。

象徵性的過渡性客體

晚期病人的藝術創作有強大承載力量。當死亡臨近，對生命完全沒有半點掌控感時，創作為我們賦予實在感。除了關於身體不適的感受，也可以用包含宗教的象徵如十架、佛陀、天堂、聖壇等；或是帶來希望的祈禱或頌經式創作，是安撫身心交瘁的圖像。

陪伴 Iris 由家訪到紓緩病房，我提議她做一件想要陪伴離世的藝術創作。由於靈性需要的關係，她想要創作一個十字架。雖然沒有很多氣力，但我鼓勵她塗上自己喜歡的顏色放在床邊。

借用 Donald Winnicott 的成長概念，創作可以成為過渡性的客體（Transitional Object），為將要離世的人應付失去自我的感覺。作者可以將個人感受轉化到創作，為它賦予意義及力量，所以藝術與靈性需要的連繫很深。因此，考慮在紓緩服務中加入藝術治療，給沒有宗教但也有靈性需要的人提供非宗教的心靈服務

〈我的十架〉
Iris 在紓緩病房的創作。

選擇是很重要的！

音樂治療在寧養照顧

除了視覺藝術，音樂在晚期病人的照顧也是很重要的元素。以下轉載了註冊音樂治療師林麗青女士淺談音樂治療在寧養關顧的應用：

「當一個人帶著病痛，走到人生最後的階段，藥物只能減輕痛楚和減少一點身體上的不適，我們還可為他們做些什麼，使他們好好的渡過剩下的日子呢？有誰可幫助照顧者及患者家人疏導情緒和壓力呢？

現今的寧養服務，講求要全人關顧；香港有些機構及醫院，也竭力關心到臨終病人身、心、社、靈各方面的需要，有些更照顧到病者家人的需要，尤其是情緒上的支援。筆者就過去幾年，

有關面對死亡的本地出版物：

表達藝術治療工作者謝敏如一直致力於推動生死教育，她於2018年與插畫師含蓄發表《我不要在孤獨中死去》。當中以珍珠末的文字及含蓄的插畫，立體地與讀書探索有關死亡的感受，生動有趣，充滿詩意。書中更包含中、美、日文的文字，讓本地有關藝術與死亡的著作流傳到海外。另外，香港大學於2011年開展的《美善生命計劃》和及後的《賽馬會安寧頌計劃》，分別出版多本有關善終，晚期照顧以及生死教育的書籍。其中由香港中文大學老年學研究出版的《吾該好死》，反思及處理個人的生死議題，希望令更多人得到善終。

有關藝術創作在寧養照顧、過渡性客體的參考書籍：

唐諾．溫尼考特《遊戲與現實》(2009) 朱恩伶譯。台灣，心靈工坊台灣

Waller D, Sibbett C. (2005) Art Therapy and Cancer Care. Maidenhead: Open University Press。

在不同機構及醫院裡服務中的觀察和反思所得，臨終病人或許還欠缺一項比較深入及整全的治療服務，以調節其面對疾病及死亡的複雜情緒、身體不適、與其他人的聯繫及靈性上的掙扎。作為一位音樂治療師，筆者相信音樂治療是十分適合在這缺口上補足，有助提升臨終者及其家人的生活質素。

早於七十年代，西方國家已應用音樂治療於紓緩治療，且逐漸地被接納和重視，到今日成為紓緩治療中的輔助治療。音樂治療是以人為本（Client centered）及全人關顧的治療（Holistic Care），在一段治療關係中，音樂治療師運用音樂達到治療目標，其目標可以是促進或維持案主的身、心、社、靈各方面的安康。很多外國的研究報告指出，音樂治療在紓緩治療中能有效地減輕痛楚、減少倦怠感、讓身體放鬆及舒適、改善情緒、靈性及生命質素等。而音樂治療師必須先評估個案的情況、能力及需要，才為案主提供合適的治療方案。

透過以下的真實個案，描述如何應用音樂治療於晚期的病人：

記得有一位住院的陳女士（化名），剛知道沒有藥物可以控制自己的病情，情緒十分波動，嚷著要家人留在身邊，一步也不可離開。而她自己雖然很疲倦，但也不肯閉上眼休息一下，她怕一旦睡著了便沒機會再見到家人了。她的神智開始有點混亂，家人也十分擔心，一直陪伴在病床旁邊。其實在此情況下，不論病人或是家人都很繃緊，十分大壓力及不知所措。有位資深的護士見此狀，便轉介音樂治療師幫助她平伏情緒。

經護士介紹下，治療師嘗試介入，希望能令陳女士平靜下來。陳女士握著治療師的手，並急急地、零碎地說些擔憂的事情。治療師見她有點慌張及混亂，別人怎麼勸她也未能稍為安定下來，隨即以歌聲給她鼓勵，藉著音樂讓她平靜下來，之後教她深呼吸以助自己調整。在反反覆覆的狀態下，終於陳女士放鬆下來，最後睡著了。她的家人也可暫且休息一會了。

在這個案，治療師利用了柔和的音樂節奏，配合深呼吸練習，讓陳女士開始調節自己的節奏，帶動情緒慢慢靜下來，而鼓勵性的歌詞也安慰著她的心。由此可見音樂治療讓陳女士從繃緊到放鬆，從擔憂到暫時放下，從不安調節至平靜。」

《喪親過後的儀式》

藝術的表達性及儀式性本質，除了可轉化自殘者的內在破壞性、陪伴面臨死亡的人，在喪親家屬的應用中，儀式性的藝術發揮了哀悼甚至承傳的作用：為掉念提供方式，為哀傷提供出口。

接觸哀傷的工作

畢業後從沒離開社會服務，一直關注不同能力人士（殘疾人士），特殊學習需要的孩子等工作及議題，從來沒有想過會接觸面對死亡及哀傷服務——其實從來都很害怕這議題。小時候特別害怕黑暗及分離，媽媽一上班去就會幻想有意外發生之類，但慢慢地從掉念離世的寵物去學習什麼是分離與哀傷。

在兒時飼養寵物時，無論是魚雀貓狗，不知是不會照顧還是

怎樣，牠們總是很容易死去。雖然時常經歷，但每次也很難過渡失落（Loss）。第一次養魚時，一天就死去了，也見證被嫲嫲極速地將屍體沖進廁所，眼巴巴看著心愛的小魚消失了。後來第二、三、四條魚逐一離世，我不準嫲嫲處理，自己帶著魚兒們的遺體走到河邊埋葬，並為牠們撿些小花及小石來建小花圈，回家更拿出書簿，用鉛筆畫出魚兒們的樣子，在封面寫著《死魚冊》三個字。

後來長大見證家中老狗死去，也冷靜的告知媽媽並幫忙一起埋葬牠。幾乎出於自然地為牠撿些小花小石。這些《死魚冊》及小花圈成為了對離世寵物的儀式（Ritual）。然後還會用牠們的生活用品製造不同的紀念品，透過不同創作形式的悼念（Mourning）儀式，慢慢由很痛苦，呼天搶地的失落，到比較可以用自己的方式自我承載著，並用創作去轉化哀傷（Grief）。在你的成長中，經歷人生無常，生離死別時，無論是近距離的親友或寵物離世，遠距離的國外天災人禍，或亦遠亦近的名人偶像離世時，有沒有用什麼方式或儀式悼念？

後來出國修讀藝術治療，在兒童精神科的實習中遇到喪親的個案，孩子表現出來的都是憤怒問題（Anger problem），破壞性很強的孩子不但可以把木門踢開，可以反轉單人布沙發；即使案主是七八歲就經常說希望殺了所有人——包括我，他們的治療師。

其中一個案，他一直相信自己有殺人的力量，因為媽媽就死在他身邊；他雖然是第一個屍體發現者，但也是一個不明白死亡是什麼的三歲孩子。他在成長中一直帶著殺死了媽媽的誤解，以為自己有特別的力量破壞親愛的人；同時經歷了不同後母的照顧後，他愈來愈抗拒建立人與人的正常關係，只懂得以破壞去與人相處。

面對這些個案，很多時會找機會開展創作給逝者的主題，

由給媽媽的畫作開始，戰戰兢兢地，透過恆常的會面，見證著孩子慢慢找到憤怒背後的愧疚，愧疚背後的愛和思念。重整他們面對摯親死亡的回憶及感受，接受自己與他們的死沒有直接關係。治療過程起起伏伏：有時用膠刀亂插陶泥，用創作發洩負面情緒；有時憤怒大到他要衝出房間抖抖氣；又有時他會溫柔平靜地用油掃畫畫，畫出藍天白雲象徵愛與關懷；時而進展時而停滯。

作為實習生，工作挑戰使我獲益良多。雖然這些經驗喪親及創傷的個案，在完成療程後，不會突然變成一個平靜安穩的小孩，大部分時間依然是粗口滿天飛，經常攪破壞的孩子。但由於藝術治療有陪伴與安慰的效果，當中慢慢培養出來的安全感，孕育他與照顧者建立關係的信心，漸漸也多了向大人撒嬌，終於也結交到同輩朋友，對如斯破損的孩子，已經是很大的進步。

儀式的意義

喪禮，在不同文化和宗教中也是非常重要的儀式。送別死去的人，讓在生親友盡情表達哀傷，孔子就多次在《論語》中提及，喪親的禮（儀式）要家人哭喪，為的只是讓情感真實地表達，不會抑壓在心底；所以喪禮中牽涉很多唱頌繪畫詩歌等藝術元素。

在波蘭，傳說喪禮中有一部分是把逝者的衣物撕掉，一邊撕一邊咒罵，將憤怒表達。這種憤怒可能是對於死者已逝的事實，或出於責備自己沒有或不能做什麼。然後，所有人將碎布條製作成神仙棒，然後拿著它一起跳舞。這是很典型的透過喪禮儀式去接受死亡事實，抒發難以接受的感受：例如是哀傷或憤怒，然後用儀式為逝者祝福，送別，再把哀傷轉化，祈求以創作活動與逝者的關係延續及承傳，讓逝者永遠活在生者的生命。

多年前香港電影《薰衣草》中講述女主角一直在尋找逝去男友

的氣味，並常將哀傷情感寫在氣球放到天空中，希望將愛和思念傳送給逝者：這兩種行為立體地呈現喪親的失落，及悼念的儀式。

藝術家沈寬在 2011 年創作了《希望之旅 - 思念的延伸》的雕塑作品，他認為藝術不但可分享個人的喜悅，也可分享彼此的痛苦。他母親因癌症逝世，於是決定為慈母塑造一艘長木舟，祈願她能在和平寧靜中繼續旅程。他的家人也一同參與是次創作，一起為母親摺紙船並寫上自己的思念，分享了各自的情感。通過這樣認真的投入、簡單的分享，他們都得到舒懷。後來在香港的公眾展覽中，邀請觀眾一起分享他們的感情，各自在小紙船上寫上祝頌的句語或對失去親人的思念，放在長木舟旁，成為創作的一部分。這些儀式性的藝術創作，讓我為晚期病人提供藝術治療有所啓發。

為孩子準備哀傷的重要

我對於傳統香港的道教儀式印象特別深刻。從小在喪禮中看到破地獄、過彩虹橋、摺金、燒衣及大型紙紮品予先人，不但能身體力行的為先人做點什麼，而這種關愛也可以在每年跟著大人在生死忌或清明重陽大時大節持續下去。同時相信先人在另一個國度裏生活著，從而對抗面對死亡的無力感，年紀小小的我至少可以為逝者燒冥衣，彷彿與逝者在生活中依然有聯繫。在德國，2015年就舉辦了關於中國文化中紙紮用品的大型藝術展覽，名為《冥間超市》(Supermarket of the Dead)。展出多元化的祭品包括紙紮食物、時裝、鞋、日用品、手提電話，以至是房子及交通工具等。

不過，很多成人對小孩參與喪禮持不同意見。比較傳統的可能覺得孩子還小，不懂死為何物，有些擔心喪禮場地有很多「鬼

魂」對孩子不好。也有覺得哀傷的喪禮不適合孩子。其實孩子在八九歲的時候就發展出對死亡的理解：從天地萬物，陰晴圓缺等自然現象，孩子會理解物理轉化，生態循環，看到植物或動物死去，明白死去是不會再見的意思。喪禮對任何喪親者來説都是接受逝者已死的重要活動。

有很多次，接手的個案都是將要逝世的晚期患者家長，幫忙處理他們年輕的子女面對父或母快將離世的殘酷事實。很多時當父或母的病情嚴重，另一半忙於照顧病人，孩子年紀小的，會由年長女性長輩如婆婆、祖母、姨媽或姑姑照顧，也很少有機會安排孩子探病。有時就算父或母有能力自己照顧，也很難帶到醫院探病：一來年幼孩子探病比較多限制，二來也有不少家長不想讓孩子看到父母病重或辛苦的樣子；有的連一次也沒有到醫院探望，甚或到喪禮時才見到死去的摯親。

有時大人為了保護孩子，或不想影響他們的學業或心情，沒有將病情告知，使他們很多時沒有機會見證病人的身心轉變。如外形上的轉變：包括脫髮，消瘦，面容怠倦等等；好多次被轉介的小孩就是因為看到脫髮後的媽媽嚇至驚叫，此後經常發惡夢，或害怕外出。有的後來甚至不肯去喪禮，被大人說成不孝的小孩。

很多時大人比較擔心小孩不能接受父母離世的事實，情願編出爸爸媽媽外遊出差或用「上天堂」或「去了另一個地方」等委婉的方式去應付小孩。有時孩子沒有情緒反應，家人又擔心孩子有沒有壓抑悲傷。

過往協助喪親小孩的經驗讓我對於小孩如何理解大人的死因特別敏感。因為不同年紀對死亡有不同認知及理解。不少孩子面對親人離世會產生與自己有關的幻想，尤其是見證死亡或發現屍體的孩子，非常容易聯想到是自己做了什麼親人就死了；甚至乎覺得自己有什麼超能力殺死了他。甚或有小孩認為可能是自己在

討厭爸爸的時候可以以念力令爸爸生病之類。總之，將逝者的死亡歸咎於自己。所以關心孩子如何理解父母的死對在喪親輔導上很重要。

早期（2-4 歲）	早期（4-6 歲）	早期（7-11 歲）
還在自我中心階段，想法實在實際	開始天馬行空的想法，但會隨時間而減少	明白死亡是最終的
專注在當下	明白死去是不能逆轉的	明白死亡是生命自然的部分
相信死亡是暫時性的，可以逆轉的	明白死去的人已沒有機能	開始愈來愈明白將來不會有逝者
不明白已死去的人沒有機能	開始明白死亡是宇宙性或世界性的（由五歲開始）	對死亡有比較現實性的理解
相信死亡（作為名詞）是一個人		

兒童了解死亡概念的年齡分別。不同年紀的孩子對死亡的理解有別，所以這圖表的內容純熟參考；每個人的成長經歷和接觸死亡的機會不同，所以家長應按著出現在孩子生命的情況去作適當的生死教育。

*P151 Meagher, D. and Balk., 2013.
Handbook of Thanatology. New York: Rontledge

大象爸爸不見了

試過一次，一個不願意到醫院去探臨終爸爸的五歲孩子Ella，後來也不願到爸爸的喪禮。在藝術治療會面時做了一個紙黏土的大象及其他動物，然後說大象爸爸從前很壯很大，但突然間變成猴子一樣，所有動物都給嚇走了。說完故事，我慢慢聆聽她說出看到消瘦的爸爸也會很驚，覺得很恐怖，很難接受親眼見到原來壯健的爸爸變成很弱很累的樣子，根本不敢再去見爸爸。

小孩子還在未懂什麼是死亡的年紀，很難相信及接受本來是壯健的父母變得哀弱，也會擔心自己會不會也這樣。藝術幫忙缺少情緒詞彙的孩子表達喪親過程中複雜的感情。而在哀傷的時間，如果小孩可以慢慢發展出懷念逝者的方式，例如在父/母親節，生日或其他喜慶節日做些與逝者有關聯的事情，這可以是畫畫，寫信，創作等等：總之用自己的方法去繼續與逝者保持關係，

在藝術治療中，Ella了解到與爸爸繼續建立關係的可行性，
用創作去懷念一家人開心的日子。

繼續承傳留在他心中的愛，對於發展出健康的悼念模式有正面作用。

大部分人都可用自己方法處理哀傷，但有些人的過程比較困難；這可能因為親人死去的原因、時間，以至於與逝者在生時的複雜關係，而讓喪親者產生混亂的哀傷，甚至影響日常生活。而每個人因為個性，家庭背景及個人經歷，也有自己的哀傷模式及進程。就算是一家人，同樣面對喪親都可能有不同時期，及哀悼的需要：例如喪偶的媽媽不想再提起關於逝者的事，但喪父的兒子卻嚷著要去以前一家人常去的地方或要蓋逝者的棉皮等。這些時候，家長很難理解孩子這些嘗試繼續與逝者持續關係的行為，或因為自己的傷痛，沒有辦法陪伴小孩去一起悼念及接受逝者已去的事實，有時甚至擔心孩子的行為不正常。

這種繼續與逝者的聯繫在哀傷輔導中稱為延續關係（Continuing bonds），對於哀傷過程起著重要的作用。喪親者一般會經歷不同的心理階段，而延續關係可以幫忙喪親者懷念過去美好的回憶，從中得到生活的養分，也可繼續與逝者分享成長或生活的點滴，甚至想像逝者會給予的建議及支持。這種關係若果太過依附，令喪親者不能抽離與逝者的接觸，或慢慢不接受逝者已離世的事實，那就是需要關注的情況。但一般來說，健康的延續關係對喪親者是有益無害的。

而藝術創作，正好為延續關係提供很多可能性：我見過在每年的生死忌為父親用相片及畫作合併為立體拼貼的祭壇；也見過在冬至為死去親人用粘土造的盤菜模型；甚至在畢業典禮上帶著用亡母照片製成的心意卡一同行禮。藝術創作提供除言語外更具體的方式去與逝者延續關係。

另外，在共同面對喪親的親子關係中，透過互相分享關於逝者的畫作，也打開了難以啟齒的話題，甚至一同流淚懷念逝去的親人。藝術創作比言語表達來得抽象，建構了一個既含蓄又整全

的客體去象徵某部分的內心。以創作去表達哀傷，讓情感被「看」到了，接觸到的人也可用自己的想像，既能感受又可維持一種距離。親子共同創作的畫面，更讓雙方互相接受及理解各自的哀傷模式，在過程中做到尊重與包容對方。

在哀傷輔導或治療，是沒有辦法拿走哀傷的事實，只有嘗試好好與哀傷共存，承傳著逝者的東西好好活下去。

組員的離世

除了深入的個人藝術治療，在癌症服務的小組藝術治療中，也常出現個別小組組員病情突然惡化甚至離世的情況。藝術治療中的藝術創作及儀式性的分享，可以透過連繫小組的朋輩力量及外在的靈性（或宗教，但不一定是）力量去支援處理大家當下的悲傷。

第一次有組員突然離世時，我著實有點不知所措，擔心其他組員該如何去消化及接受，而且剛建立起的團夥關係，力量與盼望，就面臨衝擊。我直接將事實告知組員，邀請成員就逝者及感受創作，互相見證、分享及鼓勵，利用創意去消化艱難的感受。由此可見，藝術治療在團體中有著不同的內在力量，經歷過以圖像創作互相分享及影響，並建立起及壯大了可容納情感的空間。即使面對突然其來的壞消息，卻以團體中的藝術互動支持著所有成員。

雖然，我相信哀傷的最好治療是時間，但比時間更重要的，是有空間去讓哀傷釋放出來。如果在身邊找不到可以釋放的機會，那麼藝術創作是一個很好的自我照顧方式。自古以來，不同文化或宗教也以不同形式及儀式悼祭離世的人，藝術元素就必然充滿在儀式中！無論是喪禮的環境，祭品的圖案，儀式的音樂及動作，都是非常原始的，代表著某些意義及祝福，也幫忙死者家屬接受死亡的事實。

有關哀傷議題的本地出版

在本地不同機構出版過關於兒童哀傷的書籍中，有兩本很實用的繪畫冊，是由黃慧蘭博士編寫，同行力量出版的《我心愛的……離開了這世界》及LoveOurKids〔樂〕出版的《好好說再見……》。《我心愛的……離開了這世界》繪畫冊以表達藝術（Expressive Arts）的概念，透過簡單的繪畫、剪貼、書寫、音樂及其他藝術體驗活動，讓孩子有機會去表達面對身邊人離世的經驗、感受及想法。《好好說再見……》是《我心愛的……離開了這世界》的更新版，特別增加了親人患病的篇幅，幫助孩子面對摯親患病或將離世，過渡將面對哀傷而設的。

這兩本繪畫冊的內容大綱，可分作四個不同階段，既獨立但相連，環環緊扣。第一階段是認識改變：借助天氣變化、環境的變化來述說世事變幻，再讓孩子知道自己也在改變、在成長；第二階段是關注親人患病或離世了，孩子日常生活上不同程度的改變；第三階段是描繪親人離世後情緒的表達，繪畫冊內有相關的字彙；到第四階段，孩子可以學習以新的方式，與離世的親人繼續聯繫，家長可以和孩子一同製作一本紀念冊，可以記下希望與離世親人分享的說話、圖畫或照片；或看看自己與離世親人有沒有相似的地方？最欣賞對方甚麼、最喜歡與對方一起做甚麼？展望將來，自己又想做些甚麼？最終階段，雖然心愛的人離去了，彼此的生命仍很豐富，也可拿起顏色筆，為生命填上色彩！

編者強調這繪畫冊是沒有頁碼的，亦不需要按頁面的次序去使用。孩子或照顧者，可以按照當時的心情及需要，在合適的篇章繪畫，把內心深處所感所思，以手繪心。如果孩子願意分享，照顧者亦可以用心聆聽，不帶任何批判，讓孩子暢所欲言。

這兩本繪畫冊是免費派發的，好讓繪畫冊能夠送到每一位有需要的孩子及家人手中，成為渠道支持他們去面對喪親的哀傷；

亦願他們在這路上有您同行，不再孤單，甚至更有能力面對在成長路上不同的挑戰。家人、親友與及相關的兒童工作者，亦可同時透過這繪畫冊中的訊息，認識兒童哀傷，協助孩子明白及體驗到，改變是生命的一部分，體悟人由認識、面對、接受患病和生離死別，到生死兩相安。

關於哀傷輔導的書籍，由田芳女士出版的《在終將告別前，學習哀傷》，是本港比較集前線輔導經驗與死亡學一身的著作。在字裡行間表現了田女士對哀傷輔導的貫徹始終，自然由衷的熱誠。看著文字，彷彿聽到她在我跟前溫柔又清爽地，時而像朋友一樣分享她的經驗，時而就不同文獻的理論作討論分析。豐富的前線經驗，系統的實證研究，結構井然、內容生動地闡述哀傷及死亡。各方面的份量恰到好處。每章節的文獻資料，對準話題，沒有學術論文務為宏博的枯燥，又不失參考性。同時她利用不同電影，歌曲，文學，故事，網上或實體，都是鮮明生活的，用每天接觸到的人和事，幫助我們由文化層面連繫到哀傷議題，貼地有趣又易懂。

無論是經歷喪親者，陪伴哀傷者，前線同工，或單純對哀傷議題或喜歡反思生命的人都很有裨益，這是我看過最簡明易懂，啟發性很高的本地著作。

藝術鬆一鬆 2

藝術創作不一定利用顏色或一般的藝術素材，大家可試試在家中找環保物料進行創作。雞蛋殼是一種有趣的物料。它不但象徵生命的開始，它脆弱又堅硬，象徵著生命，又有著不同的顏色。先將蛋殼打碎成不同大小的殼塊，用大塊的，放在塗上白膠漿的紙上用力按碎，會有馬賽克的效果；即使將不同形狀的蛋殼貼成立體也是很有趣的。今天起試試吃完雞蛋後拿來做個小創作吧。不要在乎自己做得好不好，就當是感受不同物料的一項嘗試吧。

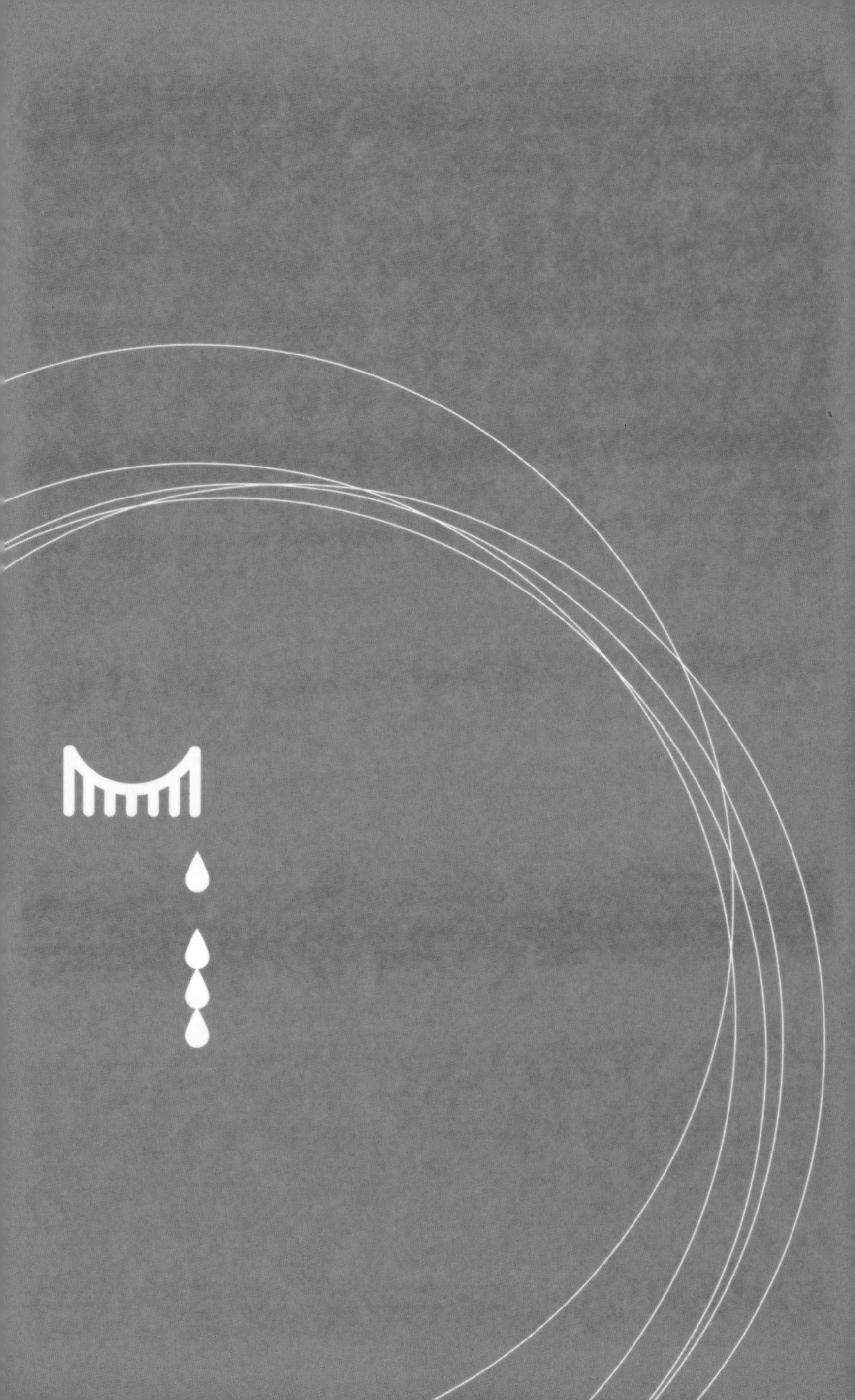

藝術治療在不同處境的作用

本章探討藝術治療在不同年齡層的人在面對離別中的應用及價值。包括面對摯親患病的小孩，面對死亡威脅的青年，面對子女離世的父母，以及養主面對寵物離世的哀傷。藝術在不同生活角色參加者的創作中，如何反映內心世界，探索恐懼的想像空間，及承載苦難的感受。

#《兒童面對患病摯親》

藝術治療承載害怕「失去」的恐懼

很多時患危疾的父母需要將孩子交託給親友照顧，有時甚至需要讓孩子入住兒童之家。孩子突然被逼與父母分開，一般會傷心難過，容易發脾氣，心情也隨著家長的病情起伏——那是他們將害怕失去摯親的分離焦慮推至極致。藝術治療師希望以創作形式促進互相分享與表達，一同去承載沉重的無力感。作為家長最難開口的，莫過於向子女解說自己身體很差的情況。而藝術創作，往往成為難以啟齒時的溝通及表達情感的媒介。

通常我會與父母計劃好要如何講解讓孩子知道：①何時講解？如果太近要分開的時間又不夠心理準備，太早交代等太久又會萌生其他焦慮不安，以及不太相信是不是真的要發生，故找到

適當時機很重要；②按照病情及治療的時間表及要交待病情的內容；③預備當父母進院後由誰照顧孩子的方案，孩子可以怎樣聯繫父母，何時探病面見或透過網上視訊等。當這些實際的事情處理好，就用親子藝術創作去迎接隨之而來的擔憂和傷痛，同時見證創作間的互相分享及鼓勵。

由於每個人面對這種情況有不同反應，治療師要按着個別情況去評估考量。再者，也要看自己手頭上的工作量，衡量自己是否可以配合個案密集式的需要，還是需要另找幫忙。

當治療關係（Therapeutic relationship）開始建立起來：經歷恒常的會面，孩子相信治療師會支持他，在有需要時可以在心靈上依賴對方。雖然知道了父母患病的消息後必定會經歷著「失去」的恐懼，甚至覺得會被強大的負面感覺破壞而粉碎，但藝術治療師會慢慢將碎片拼回。而一段關係有沒有去到這種信任程度，也是憑治療師的經驗及感覺：治療的關係如是，平常的關係如是。當然工作上有很多評估工具，但實踐時治療師的主觀體察也很重要。

夢幻星與媽媽樹懶正面對的是一種來回起伏的醫療過程，在宣告了媽媽要進醫院接受治療的消息後，卻發現骨髓捐贈者突然退縮，又要再接受沒有治療可做的突發改變。面對這些不能掌握的情況，媽媽有一種莫大的恐懼：明明已預告分離，一同盼望治療成功，現在又是另一個壞消息，又再回到只有控制病情的化學治療方案。

媽媽不敢向孩子交待實情，不知如何承載對方的傷痛。是藝術一步一步地讓媽媽堅強起來：他們各自創作了給對方的「真心話小盒子」，媽媽便勇敢說出她的「不知道」，也讓夢幻星理解大人們亦非事事能準確掌握，也總會有「沒有辦法」的情況出現：藉此教育她調節期望，使她明白如何用創作為對方打氣，傳情達意。

真心話小盒子

「真心話小盒子」是我常用的親子藝術活動。當遇到當事人感受難以啟齒，或是很多說話無法當面訴說，甚或當被逼要分開一段時間時，便提前給對方製作一個小木盒，塗上自己及認為對方會喜歡的圖案，選取不同的小物件如鈕扣、乾花、毛球、小貝殼等作裝飾及如小寶物般放入盒內，加上一些祝福小字句，或一些道歉道謝道愛的圖案或文字。

大家都做好後，我邀請他們輪流抽出一些東西然後讀出來，或說出看到的感受。效果是：有時是哈哈大笑，有時是甜蜜感動，有時是傷心難過，有時忍不住咽哽流淚。然後慢慢地由有點尷尬，斷斷續續地說道，變成呼吸語氣與情感配合，認真地向對方道出心底話。不再害怕對方不知道有什麼反應，而是相信可以一同面對。

透過一些活動方式使原本平平無奇的木盒裝飾成陪伴對方渡

夢幻星寫及畫給媽媽的。

媽媽寫及畫給夢幻星的。

過分離日子的寶物，而當中的藝術轉化將本來無關係的小物件賦予祝福及陪伴的力量，帶著作者的愛與感情，安撫著對方的心情去經歷難關，令家長和孩子共同以安全的方式去分享感受。漸漸地，孩子對現實的困惑，對「失去」的恐懼會慢慢被藝術創作及情感分享所承載著，繼續堅持下去。

承傳下來的愛和藝術

當前路未明的時候，我把握夢幻星與媽媽身心狀況還許可的情況下，邀請她們選取一些喜歡的創作，找專業攝影師拍攝短片。無論將來的情況是變好變壞，也藉此將生活用錄像或照片記錄下來。她們選取自己喜歡的主題及場景，內容自訂：沒有太多感人對白及囑咐，只是兩人開心快樂及愛的回憶。

影片製作出來了：夢幻星和媽媽選了一些她們共同創作的藝

術作品，帶到公園的草地去玩。那些作品記載著親子之間的甜蜜時刻，也承載著面對困境的負面情緒。而錄像活生生地連同笑聲，歌聲一同拍攝下來。雖然病情反覆，但她們共同經歷一段時間的藝術治療後，關係變得愈來愈緊密。孩子也愈來愈適應，自殘及爆發性情緒少了，與媽媽的溝通也比較溫和。而媽媽也主動以溫柔的態度去照顧及安撫女兒。

〈熊寶寶與彩紅鹿〉

在等待以及進出醫院期間，夢幻星和媽媽樹懶在親子藝術治療中用兩個角色去創作故事。用創作抗衡焦慮和擔心，也凝聚親子的希望。熊寶寶及彩虹鹿是她們紀錄片中的主角，而夢幻星也為影片唱作了主題曲。

創作及影像的保密性

不過，對於拍攝個案無論是真人或是作品，我們都要加倍小心。很多時，作為助人工作者要小心如何處理藝術創作及照片與錄像。在英國藝術治療師的專業操守條文中，清楚列明如何保密及處理所有創作的實體及影像，以及拍攝及應用圖像的同意及協議方式。

有時服務單位可能期望以個案的圖像作機構的教育或宣傳服務，或者用在學術及研究等方面，治療師必須保護相關人物的私隱及事件的曝光程度。因為作為他們的心理治療師，我們的治療關係很容易讓他們勉強自己；或不好意思拒絕，或怕影響彼此關係，或期望回饋我們的協助，總想滿足我們的要求。所以在個人專業操守及機構期許中，無論此公開個案創作的目的是如何正面，例如無論是去教育、去籌款或引起社會對這方面服務的關注，也應尊重個案的個人意願，讓他們有可拒絕的信心及權利。

有時同工可能希望讓身邊的同事、親友、甚至不在身邊的大眾們了解到工作的意義及自己做得很用心；或在網上賺一些「like」。雖然自我肯定是需要的，但即使不是藝術治療師，沒有要堅守圖像保密的操守，但也要考慮及平衡當事人的個人意願及圖像被放在公開的社交網站的危害性。

不說話的孩子

面對強大的焦慮，很多小孩會將情感冷卻。我遇過由頭到尾，連「你好」和「拜拜」等說話也沒說的孩子。藝術治療慢慢將他們快要僵化的情感融化及流露出來；由不願與人交流接觸，變成重新與人建立關係。孩子是世上最敏感的動物；他們最清楚界線，最快領會你在期望他做什麼，而且很快會屈服於你的期望之下。無論是很清晰的指令，複雜的情感，狡猾的軟性引導和控制，還是無意識的情感投射：孩子們都照單全收。這是因為孩子是完全沒有辦法自己照顧自己的，他們的生存生活完全依賴身邊的成人。所以他們學會配合，在罅縫中找空間，用脾氣或情緒做一些對抗。所以，孩子兩三下就會感覺到你的真誠。

如果我感覺孩子不需要說話或不想說話，那我也不主動說太多。除了必要的提示，我盡量保持安靜。因為在藝術創作期間，就算大家一言不發，圖像畫面也在互相交流著。同時，這份安靜未必每個人感到舒適，有些人面對安靜不知所措，因為不知對方想怎樣。但孩子會用創作表現給我知道：與我共構的安靜感覺是平靜而安然自在的，還是讓他們焦慮不安的。

在藝術創作中，一小節的時間很快就過。有些孩子對創作的信心很大，也有些毫無頭緒，但即使沒有任何主題及提示，大部分孩子都可以自然地進入創作。最後的分享時間中，初初通常沒有說什麼，或者連對作品改個名字也不想。我通常會欣然接受。

但經常性是父母對於孩子在藝術治療的進度比較心急。經常性會問：「他有說什麼嗎？有說出自己的心情嗎？有開心一點嗎？」

有時默不作聲，可能是孩子面對焦慮不安方式：很多面對父或母患重病的孩子，由於不知道什麼時候會失去父母，或者不知道怎樣面對負面情緒，孩子便以沉默地、不太接觸那傷痛處的迴避方式去繼續生活。但這種沉默沒有所謂對與錯。

治療師要解釋予家長知道，孩子來參與藝術治療的期望、反應與進度不一定以言語溝通為首要目標。由於治療師與孩子用藝術創作所建立關係是很自然的，這非言語的表達可以有很深刻的體會。所以與案主有沒有在言語上，或在認知層面上「互相認識」，並不是唯一確認關係建立的指標。即使沒有很多言語溝通，只要他繼續自主的來，而每次來到也積極創作，便可能是希望在這空間表達什麼。有時就算說很多話，清楚有條理地講出情況，也不代表情感有被分享得到。

很多時家長很想知道孩子在想什麼，在苦惱什麼，怎樣可讓他們開心快樂。其實孩子們的世界，可能還未有情緒的詞彙。成年人在經歷過快樂、興奮、憂傷、悲痛、憤怒、無奈、忐忑、振奮後，經過學習才懂得用言語將情緒歸類定義及表達。而藝術治療是透過見證孩子的創作，去接收孩子的感受，然後再讓他知道我感受到的是什麼，邀請他從我的角度去看自己的作品，或者作品與自己的關係。

完全地接受孩子的感受

有時當家長在面對困難時會壓力過大及情緒失控，與孩子相處變得很不穩定：時而緊密，時而為了功課或管教上發生衝突，有時因情急時也會對孩子大罵或大打出手——心想你為什麼不成熟一點？不聽爸媽的話？我們為病情已經很累了！這是很多患病父母的心聲。

當脾氣或暴力過後，一股難控的內疚隨之而來。明知自己很愛孩子，但面對自己的病情，情緒上也無法控制。很擔心自己對孩子的影響。這時候孩子通常越來越沉默安靜，伴隨偶發性的情緒爆發。經歷一段時間與父母的情緒角力，無論是學校老師、社工或其他支援專業下，孩子也不太開口。這時候，以創作去表達的藝術治療對孩子來說可能是很好的出口。薇薇就是其中一位。

面對病情反覆的媽媽，薇薇經常沉默但偶爾伴隨爆發性情緒。經過了五次會面，關係開始建立後，她在創作時選了三顆石頭，畫了三種不同主色及圖案。她花了很多時間去用雪條木棒做一個盒，以膠水粘合穩固，再以鐵線定位，非常精緻堅固。她說每顆石頭代表一個人，是爸爸，媽媽及自己。她想為每個石頭製作一個盒，可是盒實在太難做了，她只能做一個。

她將代表媽媽的石頭放進盒子，看一看，尺寸剛好。然後又換上她自己的石頭，看一看，也是剛好。然後她嘗試轉位置將兩顆一

起放進，但怎也放不下。她將兩顆石頭調來調去。

說：「只是想石頭都有盒子承載着，有東西保護它。但好像只能放一顆。」

我問：「現在盒子只有一個，你希望放其中一顆石頭進去嗎？」她放了媽媽的石頭。

這時候我內心有很多感受，為了她的犧牲精神感到傷感及難過。同時想，那我們可以多做盒子嗎？其實材料一早已準備好，我也有說可以幫忙，但她卻選擇不去做或覺得無力去做，可能也就反映了他當下面對生活的感受。我希望先接受及陪伴她這種感覺。有時生活上，可以承載的空間及支持的能力是有限的，是用來照顧自己，還是身邊的人？大部分危疾家長的小孩都覺得什麼都不重要，只要爸媽沒事就好了，連自己也不要緊。

我輕聲的問她：「所以你很想放媽媽的石頭進去？」她點點頭。我問：「那你自己的石頭怎麼辦？」她點點頭沒說什麼。

那種感覺是矛盾的，也呼喚我自己曾經面對困難的態度：總也希望身邊的人受到保護。小時候當遇到困難，我總是有一種想法，只要能保護身邊的親人，沒有了自己是沒有關係的。小孩子這種在艱難時候覺得自己很沒用，無能為力，可能覺得犧牲自己是唯一可提供的幫忙。長大後我漸漸明白，面對分離焦慮的孩子（或成人），會害怕所依附的親人不見了，而這個親人的離開，可能同時間也代表著自己的消失。

我不肯定她是不是這樣，但我大膽的說：「有時我們可能會希望先照顧我們愛的人。但同時間，年紀小小的你可在治療室放鬆的被我照顧，或至少不用先照顧我，因為你是這裏的主角，只要做自己想做的事就好了。」她笑一笑，我拿出一個紙碟把石頭和盒子都放上去，並用另外的方式承托著三顆石頭。

回想起這一幕，心裡總有衝動想為他們一家製作足數量的盒子，那問題不就解決了嗎？但只要細想，就明白這是我不忍心看

到孩子（好像）在受苦，不想接收孩子表達出來的辛酸，企圖解決問題去停止畫面呈現的感受。如果我只是貿然做了幾個盒子，我就忽略了陪伴她，同理她感受的機會。其實她是可以要求我做，也可以自己再做，但她選擇不做，我相信是有原因的。當然我們希望協助她，但如果覺得為她做了個盒子就幫助到她，那就未免太低估她的經歷所帶來的複雜情緒。

藝術創作的投射並非如鏡子反映一樣如實報導。藝術表達是多樣性的及帶有非語言性質，不要只希望透過創作看穿作者在表達什麼。這也是藝術治療界的一大議題：有些門派崇尚分析及投射式繪畫，但我非常抗拒，因為這種方法忽略了創作本身的獨特性。而且，治療師不是看穿人心的魔術師。我們沒有，至少我沒有神乎其技地去看透人心，我有的只是活生生的感受，是我個人從創作連繫到的感覺。

三顆顏色石頭與盒子。

陪伴創作的意義

一直以來，我堅持作為治療師不在治療中進行創作，或盡量不與個案一起創作。原因是我希望保持一點距離，生怕是自己的創作內容帶動著個案的情緒；或者自己在創作中牽引到個人內心深處的感覺，因而難以保持冷靜持平的態度去專注於個案的情緒反應。對着小孩，或比較被動的個案，我極其量只在暖身運動與他們一起動手，協助他們接觸物料及自由揮毫。

有些時候，卻突然感到想與個案一起創作。我與督導見面時有問及這個，老師就叫我直接問當事人就好了。我有想與案主一起創作的感覺，就可能是我感覺到他有這需要。身患危疾的父母，在生病時不能與孩子做的就是玩，而孩子卻最需要玩樂時間。所以在治療小節想我陪伴他一起玩及一起創作，也是非常自然的需求。所以我也不再固執，反而在共同創作中鼓勵小孩要盡情地玩，盡情地創作，希望在治療室存起多一點快樂去抗衡現實生活中的無力感。

痊癒公仔

在個案會面中，我總在其中一節提議做痊癒玩偶。多年前在日本買了一個叫「痊癒公仔」的布偶，相信它是一個帶着「痊癒力量」會幫助我渡過難關的玩偶。如果自己製作的話，可揀選自己喜歡的物料：有些孩子甚至會放一些特別的如香花，精油，自己的牙或喜歡的石頭在內，認為這些東西可轉化為痊癒的力量——孩子們就是帶著這樣的純摯祝福到醫院。

也許世上每個人都需要一個「痊癒公仔」。成長路上充滿挑戰，總會遇上不同挫折。公仔讓孩子保持對未來的希望及盼望，接受每個人身心都有患病的可能，勇於面對並建立內在力量。

《青少年面對危疾》

「生命不在乎長短！」話說的容易但面對起來很難。如何做到「整理昨天，珍惜今天，不掛慮明天」呢？當苦難發生在青年時期，藝術媒介讓他們抒發情緒，專注心力去過好每一天。藝術創作可以打開難以啟齒的死亡話題，探索生命的意義，也可以將對家人的愛與希望一一立體地呈現出來。面對病情比較嚴重的個案，不知道案主病情何時會轉差，我會嘗試開放地提議討論個案對死亡的看法以及對人生的回顧，探討「好死」對他的意義：包括探索「與親人／愛人連繫」；「探索關於死後的世界」；「找尋生命的意義」；「找到受難的緣故」；「宗教／靈性的依附」。希望藉著思考死亡，讓案主更了解生命的意義。

生老病死

當死亡的來臨太早，不乎合生老病死的常規，無論是個案或家人也是很大的挑戰。當中如何整理負面情緒，騰出更多心靈空間去思考生命的意義，以及計劃餘生：這方面需要開放包容的心靈，以及與家人之間的信任。

遇上面臨死亡的年輕案主，他們本應在享受人生最燦爛的日子，卻在危疾與醫療中間爭扎，心中總想起張學友的歌曲《遙遠的她》：一個血癌令女主角在很短時間內離世的悲劇。小時候什麼也不懂，但聽著歌詞也感到一份傷感。血科病人很多時要接受恒常的治療。病情起伏，容易好了又復發。大部分以骨髓移植為最終痊癒手段。但骨髓配對也有好壞之分，手術後也有機會出現排斥。

血科的化療與其他癌症不同，歷時很長又容易感染，病人在

差不多一星期的住院期間都要待在隔離病房。每次到醫院探望我都穿上「太空衣」，隔著玻璃看到一張張熟悉又清癯的臉，虛弱但仍然露出溫悅的笑容。在隔離病房做化療的日子不容易過，病人承受著藥物副作用及患病的心理壓力，因此我會帶備經消毒的畫簿及簡單的顏料，探望間可以做一些小創作與我分享，釋放壓力及緩和緊張；我會留下物資讓他們在住院期間繼續創作，在他們需要時分散一下注意力，稍為忘卻一下身心痛楚。

將畫簿變成「藝術日記」，用圖像符號記錄心情。他們每個人都各有特色，各自用用不同深淺光暗的顏色；線條有些是規律的、散亂的，也有凌亂的；畫面結構有混亂違和的，也有平衡工整的。一種色彩，不一定只是一種情感。我總跟他們細談着那些畫面，線條，代表著不同的心情：有些是鬱悶的，有些是有期盼的，有些事不甘的，有些是哀傷的，也有些是感恩的。在不能恒常探病的日子，「藝術日記」陪伴他們渡過在醫院的日子，記錄情緒的高低起伏，也印證著病人捱過一個又一個情緒低谷。

到醫院探病做藝術治療，形式跟平常很不一樣，需要很大彈性。也需要按病人的身體狀況選取合適的藝術材料，並完全配合醫院的安全指引。探病時間有限，同時間又通常有親友在探病，所以治療活動的進行有很多變數。雖然有很多不同限制，但藝術在病者住院這段最需要支援的時間發揮著陪伴及承載的作用。

我遇過一位將自己製作的「痊癒公仔」送了給鄰床病友的個案：小晴把公仔的相片給我看，跟我說了它的名字，說她在製作過程已經舒服了很多，所以想轉送給其他有需要的人。在她柔弱的身上，我看到一顆很堅強的心，充滿信念及對生命的熱情。雖然病情仍然未有穩定，也沒有配對到合適的骨髓，但在生活上已有種種計劃，繼續與家人親友開心地生活。

當小晴離開醫院後，在個人藝術治療的創作反映了她對治療的恐懼：醫療程序的複雜，藥物進入身體後的種程感覺，她都用

創作把傷痛立體地呈現出來，從而整理及抒發難以排解的負面情緒。其中一個印象深刻的創作：小晴用粘土做了一個公仔，它的整個身體被牙籤及線穿過。她做完之後說好像自己的身體。她指著身上一直長留著用來打化療藥的注射口，說每次液體打進體內後血管依然清楚感覺到藥液的流動，怪怪的感覺也好像身體被入侵了。

看到牙籤及線凌亂地貫穿著那個扭曲的身軀，我自己的身體好像也感覺到那種痛。分享了她的感受並加上個人聯想到的東西，我便邀請她看看可否做些什麼讓公仔舒服一點。她想了想，就說想要拔起那些連著並穿過身體的線，但又擔心抽走線後「公仔」會整個散開。再三考慮後，我陪她小心翼翼地慢慢把線抽起，有些線被粘土卡得很實，粘得很緊，但也慢慢鬆開了。她說感覺真的比較舒服，然後她用抽出來的線為公仔打了個蝴蝶結，並將公仔命名為：「天使」。她說天使雖然在受難，但也長出翅膀來，

〈天使〉
小晴將線和絲帶抽出來後，感覺舒服了。她還替天使造了兩個毛球朋友陪伴她。

被包扎後正在好好休息。

小晴在藝術治療中與我分享不同的感受：包括困擾的惡夢、驚恐、害怕、擔心、或總覺得自己嗅到醫院的氣味。這些經歷過療程的身心反應及感受，每次都在創作過後自我轉化：因她將感受交予了作品，讓作品去承載她的經歷。我偶爾也會擔心她一直被負面情緒縈擾著生活，反問自己作為治療師是不是該鼓勵她忘卻痛苦向好看？

身邊的人都希望看到她有「好起來」，但小晴面對自己的病情不穩，接受療程的身心反應，本來就是處於低落抑鬱的狀態；但有時為著不想讓家人朋友擔心難過，她常常壓抑自己的情緒，搬出笑容面對親友；而作為她的治療師，如果只想著糾正其負面思想，或只希望給予對方正能量，沒有接納她的負面情緒及不容讓她有脆弱的時候，那麼承受著這些痛的她只能夠孤獨地啞忍著，並沒有在治療中找到釋放的機會。我相信陪伴的意義，不是要帶領對方離開黑暗，而是一起感受未有光明的恐懼。

案主與家人之間

很多時，面對危疾的年輕案主容易情緒反覆，經常進出醫院令他們產生莫大的壓力及焦慮，想像到治療中的副作用，很多時讓他們不想踏出家門，甚至不願意繼續醫療程序，這時與家人的矛盾就經常出現。作為個案的治療師，我們的角色是照顧案主的情緒及心理狀態，不能直接改善現實生活中的病情，但家人未必是這樣期望的：面對摯親未有治癒方案的病情，家人定必四處尋找各類型的身心靈輔助治療，盼望可改變現實，或是透過心理治療幫忙勸喻個案繼續進行醫療程序。所以與家人交代進度的時候，對方的著眼點都是如何盡快解決情緒困擾讓醫療程序繼續，但當案主仍然堅持不想接受醫療程序，家人對於案主參與藝術治

療的期望便存在矛盾及懷疑。

面對家屬的擔憂，我心裏面確實有無盡的恐懼。十八歲那年，我的一位小學同學在車禍中喪生。我記得她媽媽在靈位前，遲遲不願意將骨灰放進去。然後又呆呆的拿出靈位內的一條項鍊，再說那是她最喜歡的，又問放進去靈位她會不會拿不到？然後摸著相片喃喃自語說明明今年就要去選香港小姐，卻突然遇上車禍。此情此景使我強烈的感受到那股失去年輕子女母親的無盡哀痛，同理的感悟那些孩子患了重病的家長，他們承受的擔憂和壓力是何等的巨大。

夾在個案與家人中間，我們可以做是給予空間讓個案去探索自己面對醫療決定的矛盾，而不是評論他應否繼續醫治疾病。我只能不停的提醒個案思考接受醫療程序的重要，以及不接受治療可能有的後果。到最後，也要尊重個案的選擇，陪伴他一同面對。嘗試鼓勵個案與家人之間多溝通表達，讓大家互相明白，而不是

〈小熊之家〉
小晴與男朋友在藝術治療中共同建構的「安樂窩」；代表兩人對理想生活的期盼。在創作過程中，大家忘卻對病情的擔心，靜靜又俏皮地討論理想之家的元素。

每天在爭論到底該與不該。

面對生死攸關的時候，根本沒有誰可以說這是對與錯。沒有任何理論、經驗及方法，可以去評論個人對自己生命的感覺；以藝術釋放面對這些困難的情緒和感受，才能騰出更多空間去做重要的事。

包容負面情緒的重要性

當案主深感難過捱不住，甚至乎想放棄的時候，我總鼓勵個案拿出畫簿，透過這媒介承載自己的抑鬱情緒。當他們與我分享痛苦的部分，有時看到很多沉重的畫面，甚至可能關於在高樓跳下來時，作為治療師真的不好受。內心有一種恐懼，害怕這種感覺變成行動，但當有詢問過關於自殺的念頭或計劃，排除了危險性後，同時間也要開放地接受他曾經有過的這種心情。在生命中，我可能是唯一一個，或寥寥可數的數個，她會信任地，毋須擔心地將最負面的感覺表達出來的對象。

當這種巨大的負面感覺被我接收了，而我的反應是沒有被嚇怕，沒有被擊退，而是與她一起面對：處於這些快要崩潰或覺得「死了就算」的情緒低谷時，藝術創作讓她找到力量一起捱過這時刻。而這些力量的來源往往就是家人的愛和宗教的信念；這些愛與信念很快透過顏色、線條、象徵符號等呈現在「藝術日記」之中，抗衡著絕望的無力感。

死亡是什麼，沒有在生的人可以體悟到。在我們求生的同時，有時卻感到生不如死；走到死亡的一刻，也未必知道努力存在的意義。人們在求生臨死之間，會發展出不同的感受及情緒。所謂從死悟生，從生悟死，如果了解到生存及死亡的意義，便可能找到生活的動力，不會只在乎生命的長短，而是細想自己生存的價值及人生的意義。

有次小晴跟我說：「雖然身邊的人看到我的情況都覺得非常惋惜，但其實無論病情怎樣，我覺得不是那麼可惜，因為我的人生很足夠，真的。」

我起初擔心她是想要放棄醫療所以如是說。但後來她再三確認的說：「其實有沒有這個病我也覺得很豐足。我有愛我的家人及男朋友；自小就一直也可以畫畫創作，修讀藝術科；現在又與男朋友一起成立品牌，我覺得好滿足。」對我來說這是一個很大的提醒：所謂生命得足夠，這個「足夠」是很主觀的；若果一個年輕人自覺生命很豐足，雖然未有看到明天，但對今天、昨天、及以往的每一天，都覺得過得很足夠便是了。治療師若然可讓家人明白及接受個案的感覺，當下沒有只顧惋惜，反而把握陪伴她的最後日子，站在同一陣線回顧生命中擁有的，那可能是個案在生命邊緣最大的安慰。

〈說不出來的痛〉
小晴將自己經歷癌症及治療副作用的痛苦，用四種狀態表達出來：卡在喉嚨的痛；快要吐出來的苦；控制不了的嘔吐；縈繞着的感覺。承受著這些痛苦，透過創作表達出來後，小晴再為自己做了個〈平靜小盒〉：用她喜歡的顏色線條，畫出令她平靜的畫面。再放在四個小人頭旁邊，去陪伴痛苦的時刻。

《子女離世的父母》

心理發展及哀傷需要

不同年紀或擔當不同生活角色的人面對喪親都有不一樣的反應：藝術治療師會從心理發展理論去理解當事人的哀傷需要，才可更敏銳地理解創作圖像中蘊含的意義，支援喪親者找尋自己的規律，在創作中釋放面對喪親的哀傷情緒。

套用心理分析的「心理出生」(Psychological Birth) 理論：與母親由一體的到分離這個「解體」過程中，除了是生理上離開母體，出生的個體與母體在心理上也建構起「我」與「她」的分別。出生的個體眼中看到的，心中想像的，身體感受的，慢慢地覺悟到自己不再是媽媽的一部分；而這個「內在」的漸進過程及認知，就是「心理誕生」。我們知道自己內在與外在環境的不同，以及隨之而來對外界的連繫，慾望與內在、想像與現實、慢慢發展成再複雜一點的思維模式和感情認知。

當然中間發生很多人和事，受著外來的影響，這個「我」一直在轉變，我們做心理治療，傳統的心理動力學也很關心這個「心理誕生」，然後就是「依附關係」(Attachment)：是嬰孩與首要照顧者（大多數是母親或父親）在出生後十八個月內的依附關係發展。分為四大類型，可以是安全的或是不安全的，或是焦慮、逃避或抗拒型的。反正，往後與人建立任何關係包括工作、友誼、愛情等等，都從這個依附關係出發，影響深遠。如果在藝術治療中，可以發掘及理解到這時期的特性及可能出問題的地方，以及出了什麼狀況，形成怎樣的規律(Pattern)，那就可以有方向性地理解在失落或喪親過程中的糾結或困難並作出相應調節。在逝者與喪親者之間，如果剛好是親子的話，也因著依附關係的模式而影響哀傷的過程：當依附關係屬於安全的類型時，哀傷一般來

得直接了當；而當依附關係屬不安全的類型時，哀傷也變得比較複雜，也有機會發展成「不正常的哀傷」。這裏未能詳述有關逝者與喪親者的關係與哀傷的影響，可參閱第二章的參考書籍：田芳女士著的《在終將告別前，學習哀傷》。

為逝者完成遺願的重要性

小晴是一個很勇於面對自己真正感受的女孩。面對生死的態度，不是每個人也可以真的從容。一般人是被動的，但她卻將自己真正地活出來；即使面對惡疾，她仍在關顧著身邊的人，也在反思自己的人生。

在接受治療期間也繼續有意義地生活，她自覺生活很滿足，但擔心的其實是家人對失去她的恐懼。我提議為家人做一個展覽，希望能在藝術室將她的作品所表達的感受告訴親人。她很興奮，立即著手去選作品和寫故事，感覺比之前更加積極。

在我離港幾天的期間，突然收到了小晴病情轉壞的消息，最後知悉她悄悄地離開人世。離開香港前一天，還約好下星期會面。我確實有點震驚、遺憾、憤怒，伴隨絕望。明明眼看她努力地生存，為自己，為家人而好好整理身心。她懷有一份慈悲的善心，即使身在困境，也總關顧到身邊的人。她還有好多未完計劃：希望出書、展覽、畫畫、印心意卡鼓勵癌症患者及感謝醫護人員、想去旅行，還說好要在這本書中加上她的自述。

我擔心她有遺憾，也擔心她的家人；但也提醒自己要先用好些時間去處理自己的哀傷，重整與她在藝術治療的經歷，思考藝術治療在這段起伏的時間做著什麼、承載了什麼，好好反思有什麼可以協助家人渡過哀傷。就着小晴的「展覽」計劃，她的感受與想法，一一由她的作品立體地呈現。她內在充滿與眾不同的力量，與宗教或靈性上的聯繫，都從她獨特的作品上得到彰顯。所

以，我就以她的創作為基本，著手以藝術為主軸支援他親人的哀傷過程。

喪失年輕子女的父母很難面對哀傷。我與小晴的個案經理Tommy合力，由患病至喪親的過程中支援着整個家庭，也協調着大家面對治療上的不同看法。Tommy的角色很重要，在小晴接受治療時他負責支援父母及家人，透過輔導釋放父母的壓力；小晴突然離世後，我與Tommy互相支持，也一起回顧作為助人工作者陪伴這一家人面對癌症的經歷：我們都慶幸有把握時間，在小晴身心狀況比較好的時候開始談到生死議題，也讓家人與她有一起開放討論及互相分享的時間。

關於協助父母的哀傷過程，我們先以一同完成小晴的遺願開始：著父母回看她的藝術創作，找出兩幅作品由香港癌症基金會印製心意卡。我找回小晴說過的一次經驗：她在醫院接受化療時曾經很難受在哭，旁邊的護士發現了，並寫了一張心意卡，有一句說話很感動她：「你不是什麼也做不到，你的身體在努力對抗癌細胞！」小晴說過那時這張卡給予她很大的支持與鼓勵，所以父母也挑選了作品，印製了兩款卡送到醫院及癌症服務中心，讓小晴的力量繼續支持著有需要的人。

Tommy 主力協助小晴爸爸，除了支援一般喪親過程的輔導，也鼓勵他利用彈琴去支援其他人。在醫院的治療等候室定期彈奏，在癌症中心附近的商場公開演出，透過音樂幫助聽眾放鬆及減壓。後來他還主動灌錄了唱片免費派發給有需要人士。封面也利用了小晴的作品製作而成的。

回想起我第一次邀請小晴織布，利用 SAORI 織布機及哲學，就是不講求整齊緊緻的傳統織布手工及圖案，是自由自在地選取不同的質感及顏色，粗幼的線，不分齊整地編織，連其他物件如牙刷也可織上去。她笑得很開心，即時想起她媽媽，希望兩人一起完成一件作品。媽媽果真一看到織布機就相當興奮。我沒有在

她們中間很久，早早離開了藝術室，讓她們兩人自己計劃，分工，編織，打線。我只是偶爾敲門問問情況如何，她們都看起來很歡悅，也有點忘我，一口氣織了好多個小時。

沒有想到，那是我們最後一次見面。她離世後我繼續用藝術陪伴她媽媽的哀傷過程，與她一起繼續完成那尚未完成的布藝作品。她時而因思念痛哭失落，時而會回到充滿愛的生命回憶中。經過一段時間的起伏，重重覆覆地經歷不同的哀傷階段，在缺失（Loss）與復原 (Restoration) 之間來來回回。最後，我們將她的遺物、生前與媽媽一起挑選的線一同編織成長長的布——以編織的過程來梳理小晴母親喪女之痛的方法。然後，她拿出以前為女兒設計的衣服紙樣，一一將適合不同場合的衣服造出來，並希望將小晴未能穿著的衣服做慈善拍賣，支持更多有需要的人。

小晴媽媽為愛女完成的織布創作。

面對病情不能逆轉的案主，我幾乎每次也當作是最後一次見面：一起討論對他來說時間應該怎樣運用，與家人做什麼開心的事，確認他的個人意願，讓他自由地、按自己步伐整理人生。如果在過程中得到逝者生前的同意，我會在個案離世後整理好他在藝術治療中的創作及文字分享，用來幫忙喪親者接受及理解案主的經歷與感受：作品可能是包含不同元素和情感，或是宣洩負面情感或沉重壓力的；無論是喜怒哀樂也承載著逝者的真切感受，而往往這些創作也成為喪親家屬用來思念逝者的重要物件。

苦難衝擊著的真善美

高中的時候，唸文學時很喜歡蘇軾的詞：「物各有主，不必強求」。那時正值面對摯親離世，這句話給我很多安慰。初看時，我解讀成所有物也有主人，所以不用強求擁有什麼。然後才發現是「萬物各有主宰，不必強求。（因為沒有辦法強求）」一現在明白這是靈性上的安慰，相信人力（自己）以外有更強大的力量，掌控着世界秩序。而這種主宰，從不同宗教的角度有着不同解釋；從不同哲學學派，也有不同信念。這些價值和信念，對於人，尤其是處於逆境或不幸的人有重大的合理化（sense-making）作用。解釋事情發生的意義。遇上不同的人面臨生離死別的情況，讓我更多思考面對著「控制不了」的情況下，人是如何面對及處理。順流逆流，活在當下，隨行在人生是什麼一回事。而作為寧養照顧的藝術治療師，需要同理面對苦難之中的人，而又不讓自己因為無助的現實而陷入情緒低落的深淵，或不受絕望的衝擊，才能保持健康狀態去支援及陪伴有需要的人。所以反思與自我照顧對治療師來說非常重要，詳細內容參見本書第四章。

表達藝術治療與生死

除了以視覺藝術為本的心理治療，香港近年也大力發展表達藝術治療。

以下節錄表達藝術治療師彭倩盈分享她在死亡議題的探討：

「表達藝術治療透過不同藝術媒介，例如：視覺藝術、音樂、舞動、戲劇、創意寫作等的交替運用，轉化和昇華感受，就像生命由不同的經驗交織，產生化學作用，凝聚成獨特的人生。

在作為治療師的經驗中，我認識了不同年齡、背景的人，不難發現幾乎每個人心中都有一個疑問：活著，為了什麼？小學生因為功課壓力而沮喪：難道我的生命就只有功課和補習、練琴嗎？中學生面對複雜的環境、模糊的身份：究竟我是誰？活在這世界為了什麼？我在世上又扮演什麼角色？世界會接受我嗎？還有受疾病折磨，或面對喪親切膚之痛的人，對於「生存」、「死亡」

的疑問無時無刻都可能纏繞於腦海中。

在與癌症病人的工作中，我經常以表達藝術治療和他們探討與癌症之間的關係，以及生命與死亡的議題。我喜歡請參加者用不同的藝術物料表達他們對死亡的感覺。印像很深刻的是一位懷疑癌症復發的病人，他用布拼貼了一隻老虎：「死亡就像老虎一樣虎視眈眈，我就活在虎口之下。」充份表現出他對於死亡的恐懼。由視覺藝術轉換至音樂，參加者運用不同樂器，進一步表達對於死亡的複雜感覺，發現恐懼、焦慮底下，是更多的不捨和愛。

有一次我們嘗試透過戲劇的方式模擬「死亡」，這經驗對於很多參加者來說都非常震撼。其中一位參加者說：「我慢慢倒下了，我看不到外面的世界，但我感受到其他人在動，就好像我和親人分隔開了，但我知道他們在另一空間繼續生活，我感到很安慰。」又有一位對死亡非常焦慮的參加者說：「當布覆蓋著我的一刻，我放鬆下來，沒想過死亡是如此平靜，我的人生從沒感受

過這樣的踏實和安寧。」靜靜感受死亡，更重要是反思活在當下的意義。由戲劇轉為舞動，有人在舞動中再次感受到郁動身體的樂趣，重新燃起對旋律、舞動的熱愛。他表示即使受制於身體上的障礙，仍相信自己能沉醉於美妙的樂章，跳出「生命的躍動」。

藝術能拉近病患與家人的關係，建立超越時空的連繫。從創作歌詞、詩詞，寫信給親人，參加者有機會與親人表達內心感受、難以啟齒的心底話以及充滿了愛的囑咐和祝福。

有人將表達藝術治療的過程比喻為將洋蔥一層層地翻開。透過不同藝術媒介的運用，我們進入內心更深處，流露更原始的情感。這顆洋蔥帶來的不只有淚水，還有更多的安慰、平靜、對生命的熱誠和愛。」

《寵物離世的哀傷》

很多寵物主人把飼養的動物稱為「毛孩」，有把寵物當作孩子，把自己當成父母的意思。當毛孩離世了，除了是喪子／女之痛，牠們離開的時候不會留下半句說話，令喪親者的哀傷歷程特別艱難。曾經試過有一次在小組藝術治療中，患癌症的參加者沒有為自己患危疾而很激動，反而一直訴說陪伴他十多年的小狗五年前離世的事，每次分享也情緒激動，還依然隨身帶著相片，甚至依然保留小狗的毛氈在家。每次創作也離不開小狗，每次分享也痛心欲絕。

我自己也曾經為寵物離世而一直不能走出哀傷的陰霾，停滯的心情也慢慢連貫著其他創傷與哀傷經驗。中四那年，步入一段很長的哀傷期：由寵物到朋友，以至親人的離世，讓我長久地陷入失落之中。

第一次無常

「白毛」是隻安哥拉貓，全白色一雙藍眼睛楚楚可憐，在學校附近的寵物店內定神的坐著。自小住村屋的關係所以一直有養狗，卻從來沒有養過貓。每天下課到小店看看白毛，牠總是很會跟我玩。老闆娘一直跟我說平價一點賣給我，但我沒有想要擁有牠，所以沒有要買，她還笑說有一天被人買走後你會很後悔。

後來，真的不到兩天白毛就不見了；心中有些想念但還是可以的，希望他的主人可以好好待牠。過了兩個星期，突然在小店又見到白毛；牠看到我來就叫了幾聲。原來安哥拉貓有種遺傳基因，全身白色毛又是藍眼睛的就一定是失聰的，而白毛正是此類：原來牠是聽不見的；之前買牠的主人回家不久就發現了，所以將牠退回來。我聽到後心很不舒服，擔心牠要一直待在那狹小的膠箱中，或是要不停經歷被帶回家又被遺棄的難受，於是兩天後，我買了個小籐籃，一些貓糧及基本用品，把三個多月大的白毛帶回家。

回家後清潔一下，拿些舊衣物為白毛弄好趴窩，牠好像很喜歡，吃過晚飯就睡了。隔天醒來，我從高床爬樓梯下來，看到白毛伸著手向前，躺在地上。我過去仔細看看，牠動也不動，一摸已經是冷冷的身體，不知為什麼牠就死了。現在的我明白幼貓是很脆弱的，無緣無故也可離世。但那個時候，想不到為什麼，是我照顧得不好？天氣太冷？房間太焗促？吃錯了什麼東西？總之，沒辦法找到牠死去的原因。

那種哀傷特別強大——為什麼牠要在我手上死去。明明是為了照顧一隻失聰又被棄養的貓，上天為什麼這麼不公平？雖然沒有相處多久，但牠的死令我特別失望難受。我將牠埋葬到後園，哀悼了好一段日子。

這是第一次寵物的無常近近地出現在我身上。

第二次無常

過了半年，再次在小店看到白毛的身影。認真看，是另一隻長得很相似的貓，也在逗我笑。我心想，為什麼又有一隻失聰的貓在這裡？然後想也沒想就把牠帶回家。當然隔天下床時還是戰戰兢兢的害怕看到的又是冷冰冰的身體。幸運地，牠安然渡過了許多個晚上，而且發現牠並不是失聰的，而在後腳上有一小點黑色，沒有乎合全白色的條件。我給牠取名 Milo。

Milo 個性很麻煩，乾糧不吃，罐頭不常吃，自家製貓飯看心情。從不討食討摸討玩，只是每次回家時用身體擦擦我打個招呼，但從不讓我抱，連坐在我身旁讓我梳毛也很少。牠總是遠遠的坐在角落，沒有一絲靠緊。但當我爬上高床去睡，牠又不停喵喵叫，長大一點還會沿著床的木柱爬高看著我，但當我回到地面去，牠又躲開。

有一天，突然其來的恐懼及不安，讓 Milo 倉皇逃跑從高床失足掉下來，那時牠才剛一歲。從那時開始身體就有點小毛病，腸胃經常不適。雖然牠依然不會靠近，但我就乾脆從高床搬到地上和牠睡。直到隔幾天帶牠去看獸醫，打了支針，回家後牠總靠隨我，晚上也睡在我肚子上。早上起來，又是摸到一團冷冷的僵硬身體，我又將牠埋葬在後園。

我以為找到了 Milo，可以像很多人安樂地養到一頭健健康康的貓，可以按撫我對白毛的思念，但原來無常在生命中可能不只一次。失落（Loss）的哀傷很苦。先是麻卑沒有感覺。然後不停在回想為什麼，是什麼出了問題？然後怪自己，怪醫生，怪天怪地，痛苦好像不會停止。

而且，這是一種叫被剝奪的哀傷（Disenfranchised grief），就是不被認同的哀傷。有時寵物的離世，傷心好久，悼念太深也好像有罪。當一個人的悲傷無法被認知、或者是無法公開的哀悼、

或不被社會支持時，就會產生哀傷剝奪。「都係隻狗啫！」「養過隻啦！」相信這些話也不陌生。自己也很慚愧地曾經說出過這種拒絕接受對方悲傷的話，雖然不懷惡意，但就是希望對方盡快停止哀傷，轉換心情；而沒有實實在在的聆聽及陪伴對方的傷痛。

寵物與人的不同，在於我們沒辦法在言語上道歉、道謝、道愛、道別。而正正我們不清楚知道寵物的意願，卻一直負起決定醫療的重任。無論有沒有足夠時間準備，寵物的離世留下很多不能證實的遺憾：到底我有沒有幫牠選擇最好的醫療？會不會是起居飲食的照顧不足？是不是自己疏忽？牠有沒有活得不開心？在白毛與 Milo 死後，我一直不能好好處理自己的哀傷，只是決定從此不會再養貓了。

由寵物離世學習哀傷

Milo 離世不久，家中的爺爺突然去世。自小與爺爺嫲嫲同住。爺爺就好像我爸爸，愛我抱我戲弄我，也教曉我很多。時常提醒我做人要堅毅，也要寬恕別人。

接到爺爺突然的死訊開始，我先是完全僵硬然後崩潰。一段很長的時間，沒辦法說出這種喪親傷痛。又因為同時要照顧非常難過的嫲嫲，也將自己的眼淚和哀傷收起。再過多兩個月，一位朋友車禍喪生了，我完全是掉不出眼淚；這些事情發生得太快太密，所以根本沒有能力和時間整理。就一直歪頭不理會地繼續生活，自然地用自己的方式去面對及過渡。後來我覺得，白毛與 Milo 的來臨是幫忙我預習爺爺的離世——初嘗喪親及失去是什麼一回事。

第三次無常

隔了十多年，當治療師後我非常偶然地收養了阿比。牠是一隻滿身病痛，左眼有嚴重炎症的貓，在街上的店看到的牠是只供領養的。看到我，牠撲向玻璃，然後我行近，牠就跳進我懷裡讓我抱。我忍不住帶了牠回家。經過好一段時間，慢慢的牠消瘦的身軀愈來愈壯，傷口及炎症也漸趨復原。我一直擔心自己又再需要面對寵物離世之痛，但眼前一歲大的阿比活潑好動，心想這次該沒有問題了；阿比與 Milo 很不同，牠喜歡跟我一起，做什麼也好，即使大家用頭碰碰就很舒服了。想不到，牠突然發病，而且病得很重。經歷了好一段抗病的痛苦，中西醫也用盡方法。這種傳染性腹膜炎，貓會因為疼痛而不吃東西把自己活活餓死。參閱很多醫生的意見，我忍痛將她安樂死。阿比的死令我很痛苦，我永遠也忘不了她瞳孔放大的那刻，那種哀傷悸動令我窒息。經過了好一段時間，經歷那種好像應該要好回來但又好不回來的壓力，實在很難過。

那個時候我已經開始了癌症及紓緩服務工作，我比較容許自己認真地哀傷。在參與不同的哀傷小組中，我一直放開懷抱地哭。然後我開始感受到，我哀悼的不只是阿比，是 Milo 也是白毛，也是爺爺及嫲嫲。一拼將以往不被認同或被壓抑的傷痛抽出來：將一次又一次哀傷經驗與不幸，再一次重整，然後用藝術物料及他們的遺物，慢慢地為阿比，為離開的親人做了好多創作，到最後是一個花圈，希望可為他們送上遙遠的祝福。從那個花圈開始，我依然會因為思念他們而流淚，但眼淚的成份除了哀傷也加入了感恩遇上的淚，感謝在生命中有緣遇上。在生命中，親人和寵物帶給我的溫暖是不會消失的。在相處的日子中，很多美好的回憶都讓我感受到愛。有時我覺得，無論是生活上或工作上，總遇上快將面對死亡的人和動物；雖然傷痛，但我怎樣把握時機，陪伴

他們在離去之前將自己真正地活出來，可能這也是上天安排給我的任務。然後，在阿比離世一個多月後，我寫了首歌：

《Me and My Cat》

Me and my cat was a gift from above
We met in the street and the story begins
She s such a cute cat always sleep in my bed
She drinks from the tank and she sits in the bath

Me and my cat we lie in the bed
We enjoy sunbathing and the view of the sea
She walks up on me and she head butted mami
She is moving her paws to give me a massage

I won't forget our truly sweet time
Although it's short but deep in my heart
I can smell your fur I can still feel your warmth
It is freaking heart broken but I ll let you go

I hope one day I ll see you again
No more steroid and the swollen belly
playing hide and seek and you always got me
And I can tell you how much I miss you
And I can tell you how much I love you

歌詞讓我懷念牠，也懷念爺爺嫲嫲及其他離世的親人和動物。唱起來通常會流淚，但也有絲絲的甜。生命裡的相聚與別離，是苦又甜，只要管理好思念，哀傷不只是感受到痛，也懷有愛。

經歷三次寵物哀傷，第一、二次後過了十多年都不敢飼養貓。後來，到第三次，有好好悼念過牠們後，再次照顧小動物的勇氣竟然回來了。撫養了一對貓，是今年已經7歲的芝勤和艾虎。

藝術鬆一鬆③

深心寶盒：

在家中，找一個可盛載東西的容器。它可以是紙的，膠的，玻璃的，鐵的，木的，隨你心意選擇。然後找一些不同的雜誌，剪下有感覺的文字和圖案放進去，可以是令你舒服的或有鼓勵性的。也可自己寫一些字，畫一些符號放進去，隨時想要的話可以打開容器，找一些東西出來，將這個寶盒好好裝飾：畫的、貼的、包的、塗的，隨你心意，試著開始將圖像連繫感受，接受由物件的象徵性帶來的力量。

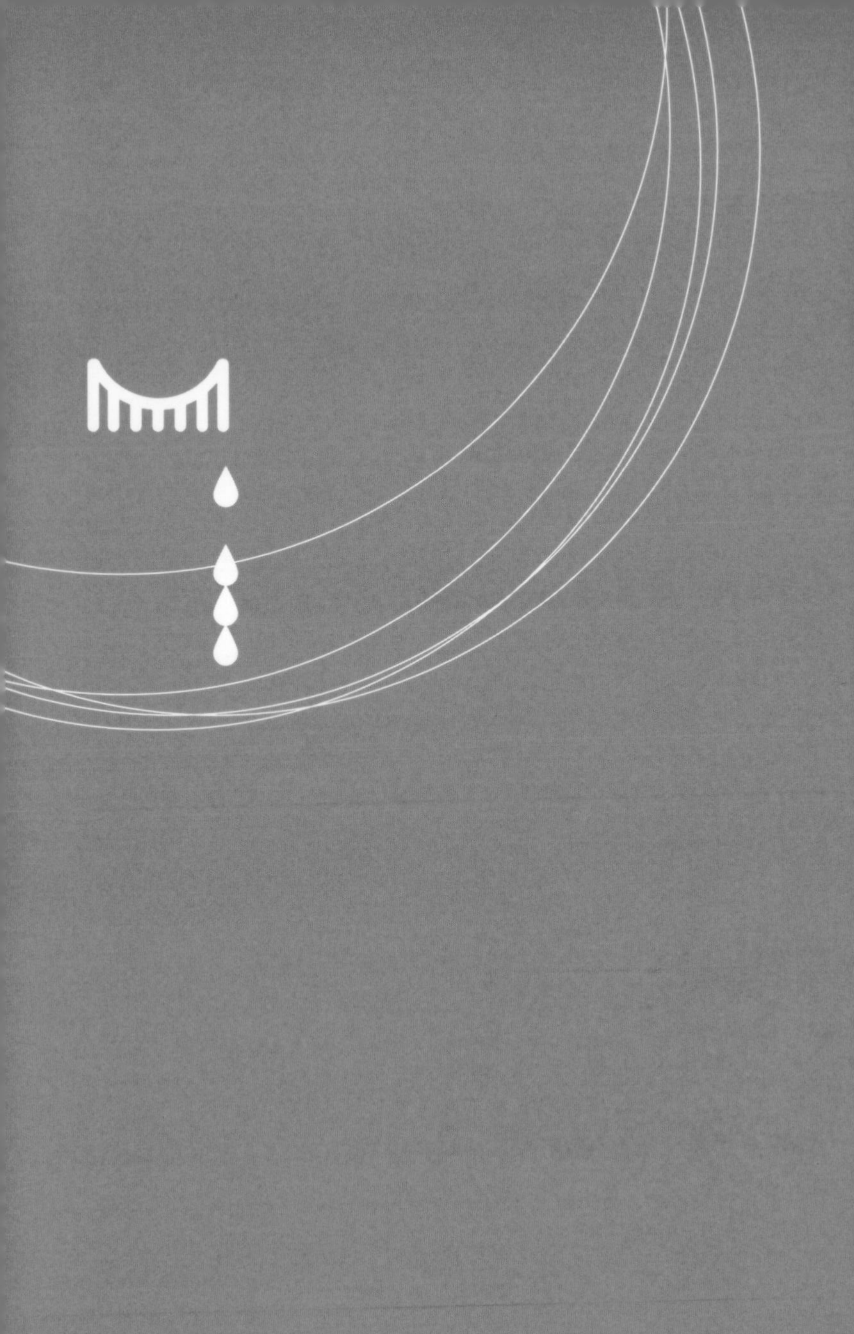

困難時刻的藝術

政治動盪和世紀疫症讓香港人這個家「七勞八損」。政府與社會之間意見分歧，關係撕裂及面對價值觀的衝擊；社會民眾焦慮不安跟喪親及哀傷的情緒相似。本章討論藝術創作如何調節內在，抗衡外在大環境的負面影響；創作如何為苦難賦予意義及孕育希望。也探索藝術治療師如何應對政治環境及疫情下的New Norms，以及提醒助人工作者時刻留意自己「慈悲倦怠」的情況。

《政治動盪社會撕裂》

失去家的感覺

花了差不多四年時間寫這書。最後一年，整個香港也反轉了；出版計劃也為之停滯不前。一本講藝術，失落及死亡的書，正要在這個城市面對很多「失去」時尋求出版。

自以為自己對生老病死稍有經歷，對關係的離合頗有理解，這時期香港發生的事遠遠超出了我們常人可以承受的壓力及痛苦，感覺非常難過難捱。多親密的家人也可因為政見而一夜間反目成仇。原來失去一個家，與親人關係活生生的撕裂，可能比死亡及分離更可怕。而我們這個獨特的城市，沒有經歷過太多政治動盪，在這方面大家都是單純的初哥，面對突如其來的翻騰，都生疏地對應著。

用藝術抗衡外在的負面情況

很多個晚上夢見戰爭的場面和不忍卒睹的新聞片，發現自己情緒起伏很大。我知道憤怒的積累會擴散開去，醒來便找個發洩方法。有一次拿出舊衣服剪開一個小口用力撕開，撕布的聲音是我那時需要的，也回想起與個案一起用撕布去抒發對病情的怨恨。將 T-shirt 慢慢撕成一條條的再胡亂打結，加上一些紅色顏料——這一堆染血的結何時才有人解？這種儀式性的，破壞再重整的創作，跟哀傷儀式很像，所以對無力感，與外來的負面情況有抗衡作用。由於這些創作方式對自己管理憤怒有效果，也再嘗試打破雞蛋用蛋殼創作；也自製兒童玩具「鬼口水」去吸收壓力；用觸感藝術幫忙抒發憤怒情緒。

準備好自己才照顧他人

在這些時間，作為藝術治療師很希望可以用藝術去照顧情緒受影響的人。

但政治環境依然是膠著狀態，我們更需要反思自己在提供什麼：是提供藝術放鬆活動、輔導、情緒支援、還是藝術治療？是以什麼角度、深度及手法去做？當事件仍在發酵，還在暴風眼的時候，參加者親身見證，受傳媒及網上資訊的二次影響時，任何形式對事件的自由探索都可以很過量。同時對治療師來說，也有很多對價值觀的衝擊及難以承載的無力感。

雖然當參加者沉浸在創作時間，可讓大家回到非言語的層面，但最後回到的是希望或絕望，也視乎自身個人的狀況。這次反送中事件中，有很多暴力畫面，對很多人的身心構成嚴重的一次及二次創傷（Secondary Trauma）。無論是政治取向、工作崗位，

以致個人關係上，感覺也比以往任何一次的社會事件更撕裂，政府與人民的對立更全面，而沒有任何人可以不受影響。

在政治環境的影響下，作為治療師需要作臨床準備：提醒我們做創傷及災後支援時應留意的事，或檢測自己有沒有能力做相關工作。首先是評估工具，助人工作者有沒有備相應關乎安全性的危機評估（Risk Assessment），例如要留意求助者有沒有抑鬱症狀或自殺傾向；另外就是創傷後壓力症（PTSD）的評估。如果尋求協助的個案有創傷後壓力症的徵狀，有很多部分我們需要多注意。尤其是藝術治療中的非主導性（Non-directive）及視像化（Visualisation）的部分，對於創傷後壓力症個案的康復有機會有刺激性。英國國家優質臨床指引提出所有非關注於創傷，或不以創傷記憶為目的的放鬆及非主導性的治療，不適宜於創傷後三個月內提供予創傷後壓力症個案。(2005 修訂版）。值得留意的是，在 2018 年修訂版本中，特別提到心理治療可以帶來的傷害（Do Harms）的內容，值得我們反思。當事件愈來愈複雜，對立愈來愈嚴重，治療師更加需要了解不同個體的需求。我時常提醒自己應用藝術總有限制，我們的工作可以很有意義，但同時也可以製造傷害，小心謹慎也是關懷與負責的表現。有懷疑的時候也要有做評估及轉介的準備。

在社會氣氛一片混亂中，血肉之軀的治療師也需要更用力地去騰空自己：社會上發生的一切，衝擊的不只是法治、社會、政治、經濟，而是人與人之間的信任，真善美及道德價值。我試過在一次藝術治療小組的過程中，原本和諧互信的氣氛，也突然因為一兩句有關社會事件的對白而受到衝擊；因分享感受變成政見討論，甚至吵架。最終，作為治療師只能不斷提醒組員一起訂下的小組協議，並討論如何共同維持非批判性及安全的分享環境。多次經驗證明，組員也可以慢慢的回到表達情緒，而不是討論政治觀點——從來焦點不在政見黃藍，是被社會政治環境影響的心

情。由於藝術創作的含蓄及抽象性質，即使小組成員意見不一，作品往往也可承載及包容各人複雜矛盾的心情，成果在小組分享中共同被見證。

治療師面對政治

回想起讀書時有一課說的是藝術治療與政治議題：探討對象多是難民，或受政治迫害而流離失所的人；或因種族，宗教與政見間在文化或價值觀的矛盾。在多元國家這種情況經常出現。在環境不穩定的難民營、貧民區，藝術治療的發生與在醫院的臨床服務很不一樣。但由於藝術創作的象徵性、表達性，以及打破言語障礙的特徵，它的存在就是一件發聲物，無論有沒有達到實際改變，也是充權的過程。社群藝術最大的目的就是為群體發聲甚至引發改變。

香港這個非常時期，人們看到新聞片段睡不著、發惡夢、不想工作、沒興趣做平常想做的事、甚或與朋友家人同事決裂等，大部分香港人也因為政治而有不同程度的抑鬱。

作為治療師，不應該只為明哲保身而避開話題：當聽到不同政見的人士分享心情，即使有個人的立場，也應保持專業地聆聽、支援、及陪伴著對方，不能因為政見而有半點偏頗。每個人也有自己的價值觀及信念，當頂著心理治療師的帽子，只要保持專業，也不用為有政治立場而感到矛盾。

另外，治療師應注意網上社交媒體的影響力，在專業操守下，治療師不會與任何案主或小組組員成為好友；我個人也不會透露自己的工作單位，也不允許搜尋帳戶的功能。在政治動盪的時代，治療師要更小心謹慎處理網絡上的個人資訊，避免影響與個案的治療關係。

《世紀疫情的生與死》

就在本港政治亂局正白熱化的時候，卻同時出現前所未有的世紀疫情，影響全世界，危及全球人類的性命。COVID-19 新型冠狀肺炎，病毒疑似 2003 年的「沙士」（SARS），公眾由起初存疑到進一步確認情況惡化，確診及死亡數字急升。經歷過「沙士」肆虐的香港人，危機感前所未有地提升。

接著爆出資源不足，港人由搶口罩及消毒用品，到廁紙、米、即食麵等日用品。加上一大堆封關與不封關的討論，然後疫情開始在世界各地輪流爆發，數字愈來愈驚人，遠遠超過了往昔「沙士」的慘況。由找不到實際的防護用品的恐懼，到眼看死亡數字及出院人數的擔憂，然後各國開始封國，全香港人每天繼續呼吸著口罩下焦慮的空氣。

政府部門及社會服務機構提供有限度服務；醫院的非緊急手

術及服務暫停及延後，連探病也只限於緊急個案。學校停課，大部分僱員在家工作。有人如常生活，照樣上班下班聚會社交，假日到郊外呼吸沒有口罩過濾的空氣；有人堅持獨自隔離，待家一整個月屈到病。

校園學習全停，家長全天候照顧孩子及工作，這邊完成了工作上的網上會議，轉頭又幫忙孩子處理視像功課。老師網上上課，或拍片變身網紅（KOL）。家長也為入學子女拍片當面試。一時之間所有人隔空處理日常，生活雖然困在家，但卻非常緊湊，甚至令人喘不過氣來。社會問題隨即紛紛告急，家暴數字上升，網上安全存疑，隔離或家居檢疫產生問題。

起初還可以享受在家工作，但幾天過後，幾星期過後，開始公共場所愈封愈多，可旅遊的國家愈來愈少。到後來限聚令，不少行業被迫停業，中小企也開始出現裁員及倒閉。整個社會經濟在集體性創傷與焦慮中，很多人已經到了臨界點。

突然間，疫症動搖我們的，不只是對感染的焦慮，也顛覆了許多原有對生活及死亡的想像。由於香港是個福地，沒有恆常或破壞性很強的天災，最多是溫黛（1962），山竹（2018）等颱風來襲。而香港人也一向風雨不改，無論颱風過後環境怎樣惡劣，也拼命努力上班去。一個日復日不停的強大經濟體，一班習慣了天天上班的族群，靜下來一天，沒有工作一星期，沒有社交一個月，一季沒有旅行，是非常極大的癲覆，而且沒有何時會停止的預期。

面對疫情被困在家，有人為自己安排緊密的學習與保持線上社交及工作。有些人超級頹廢，有些人過份積極，也有些剛剛好。網上湧現正向心理學的鼓勵文章，宣傳抗疫期間把握時間為自己增值，這對正在學習時期的學生很是有用，但對普遍過勞的香港人，便對頹廢生活產生罪疚感。然後創傷心理學家出來說大家在經歷集體創傷，不要再自我壓迫，要盡量自我接納，顧及身心需要，盡量放空心靈，毋須保持生產力等等，眾說紛紜。

作為治療師，與大眾一樣努力去調節自己：獃在家時有個作息時間表，日子會比較容易過，但當然表上中內容是怎樣會因人而異。就像面對創傷逆境一樣每人都有自己的方式。有些人頹廢，有些人要靠密密麻麻的操作安排去逃避現實，所以沒有那個方式比較好或才是正路的，這視乎你本身是怎樣面對逆境的人。毋須比較與自我批判，有些人面對太多自我空間感到焦慮，有些人一密集就想退縮。在疫情這集體創傷下，管理焦慮抑鬱情緒是首要，只有你可以完全接納自己及了解自己的需要。

治療師也得改變

藝術原來就重視存在意義、客體關係、感官及感受；而在疫情下，展覽館閉門，藝術拍賣，大型國際性展覽全部關閉取消。

一時之下，所有藝術交流、教學、買賣，完全都得在網上進行。一時間藝術家們也得改變以往的習慣，調節自己，在現實限制中找到藝術在虛擬世界的存在意義。

本來一直跟進的個案就有原本要處理的治療目的，在疫情下更加是百上加斤。由於不建議聚餐所以沒有社交，政府康文署及所有私營健身房都被勒令關門，大眾不容易做運動。所有文娛活動取消，宗教活動也暫停。基本上任何人都面臨整個身心社靈失平衡的情況。可依靠的就只剩下個人抗逆力，即是自己內在的力量。就是只能在燃燒自己的心力積蓄。

以往是何等不能接受的網上治療（Online Therapy），疫情下似乎也要開始接受。我只能折衷地隔空協助個案過渡這未曾經歷過的困難。當然大家都沒有很多經驗，只能小心翼翼地策劃推行，處理及適應被扭曲了的界線及承載空間。

這時電話或網上會面變得非常重要，但當中存在很多需要留意的地方。亞洲地方比較小，很少人會選擇經網上做心理治療。在西方國家，由於地域遼闊，尤其某些服務如長期病患或晚期患者，由於個案只能待在家或醫院的床上，院方常會為病人安排電話或網上會面，所以線上藝術治療變得普遍。

我透過網上見個案的經驗很少，只有見自己的督導時有利用線上通訊方式分享藝術。在疫情下，曾經會面過的個案都盡量安排電話或網上會談。由於疫情已經持續了一段日子，所以預計這種隔空治療方式需要持續好一陣子，所以只好找來不同國家的電話及網路治療作參考。

疫情下的心理治療好與壞

幸好的是，由於世界都停下來，隔空會面的恆常性很高，個案可維持每星期一次的會面。而且用電話或網路的會面容易操

作，又沒有面對面的壓力，很多抑鬱症患者即使原來不想出門，不想見人，什麼都不想做的，也因而可以與治療師恆常會面。

另外，於疫情下，有抑鬱情緒的人都可以順理成章地不進行社交活動，反而少了一份拒絕人的壓力，而且可以留住動力去創作及跟治療師分享；我發覺好幾位抑鬱的個案也在這期間得到較顯著的療癒成效及改變，這給我上了關於安全距離的一課：原來不見面對某些人來說可能是安全而舒服的距離——當然也只限於曾面對面建立關係的個案。

在治療的安全性，保密性及穩定性方面，沒有了面對面的四目交投、五感交流，隔空單靠聲音及屏幕的畫面，不容易感受對方的氣息狀態。同時不能掌握會面時對方身處的環境是怎樣，例如是否在家中或在外面；家中有沒有房間、有沒有家人等；另外，是網絡及軟件等是否安全：坊間不時傳出網上視訊軟件的安全問題，在網絡上，熒幕鏡頭下，私隱難以確保無虞。有時又有網絡或技術性問題，導致視訊延誤甚至斷線，所以在保密性、保障安全，以及穩定性方面皆有挑戰性。

原本治療師可預先掌握和準備的事，在網絡世界中都變成未知。在這種情況下，我提醒自己，過程不要太過深入，關掉熒幕後，案主需要自行在房間中回到現實，所以更加要控制好心理治療中的物料劑量：非主導性的自我藝術探索在網上需要清晰時限；而會面中的結構要分明：由暖身運動、探索創作主題、分享，都要找緊時間；而且治療師的指引及回應也要比面對面的治療多很多。當隔空治療令界線幾乎隱影，治療師心中更加要看清界線。不可能讓對方掛掉電話後情緒失控，情願未有完全處理很多情況，也不要隨便不斷探索，要清楚地為對方設定保護。

有時當個案不願意開視訊，我也試過隔著電話，靠電郵傳送圖象與個案繼續進行治療。當隔著屏幕看圖像，拿著聽筒時就得放大耳朵的功能：靠聲音感受對方的呼吸、語氣及話速，去感受

對方所表達的感覺。從聽覺得來的資訊中，擴大了想像空間。透過對方對其創作口述形容的過程中，治療師從不同角度想像出一個圖像產生感受，而這些感受不只是靠視覺得來的。這令我想起數年前出版時，與編輯在討論要否出創作圖片：圖象印出來後，有些人讀書時就直接翻到彩頁，感覺就「知道」了什麼是藝術治療。相反，用文字描述出來時，卻會給讀者留下一些想像空間。

網上藝術治療小組

除了原本與個案的實體會晤轉成網上會面外，也逐漸將小組變成網上活動。在時間方面，我將小組的時間由90至150分鐘縮短至60分鐘至120分鐘（個人會面保持60分鐘），無論是小組還是個人，我也將會面最終目的設定為提升自我承載及抗逆的能力。以下四點是會面的主題：

在癌症中心舉辦的網上藝術治療小組的遙距合作畫，圖案顏色竟然不謀而合！雖然沒有親身接觸的交流，但藝術也令組員有互相連繫的感覺。

① 在家中建立自己的內在安全空間
② 培養自我創作的習慣
③ 學習以藝術表達及接受自己當下的狀態
④ 被人見證作品及分享個人感受

不同機構合作開展這些小組，慣常的作法是由社工同事和我評估參加者是否適合及有需要做隔空的會面。當環境許可下，便著手郵寄一些基本的藝術物資包括畫簿，一些較硬身的顏色筆，以及用於拼貼的小物件及一個紙盒。我也會同時提醒他們可以在家留存一些環保物料如雞蛋殼、雜誌及宣傳單張、送貨的包裝用品等。我在網上小組提供的藝術物料，跟會面的藝術治療很不一樣。除了因為郵寄收發的困難外，也考慮到參加者家中可容納這些材料的空間。同時，由於藝術物資的性質會引發不同感官刺激，所以用一些比較容易控制的物料，在沒有辦法從旁協助的網上治療會比較容易掌握。

小組的結構會先以情緒溫度計查看當下狀態，再按主題做自由創作，然後分享。如果參加者當下的情況不穩定，可即時與社工溝通跟進情況。創作過後在熒幕上一同見證作品。有時即使是一條摺痕，一筆一劃，甚至乎連當事人也認為是微不足道，不算是創作的事，我們也務必認真地對待這表達，嘗試去明白當中所聯繫著創作者的感受，那種對表達的接納與重視，會透過聽筒或耳機慢慢內化到案主身上，使他產生被同理了的感動。

經驗所得，無論是小組或個案，我認為網上藝術治療的自由創作的時限不宜多於45分鐘：在藝術治療中創作就是表達及情緒探索，愈多時間所牽涉的情感物料和份量就愈來愈多。所以限時下的作品體積一般比較小，題材又會比較集中。

參加者在其餘時間的藝術創作

當物料存放在參加者的家中，可利用的時間就變得自主。如果合適，我會鼓勵案主在家中自由創作，但也提醒創作的時間及份量，最好每星期做一次創作但時間不要太長，也邀請他們在小組過程中分享。由於畫面對情感的牽引及視覺刺激，我會再三提醒他們要留意自己的狀態，不要過度探索甚至沉迷。這一點對於抑鬱症或創傷症後群的確診者尤需高度關注。

疫情下如何說再見

限聚令實施後，醫院不能探病，最艱難的可能就是臨死的人和他們的親人：當死亡臨近，沒有辦法如願的環遊世界；不能到最喜歡的餐廳吃最後晚餐；沒有辦法與所愛的人好好說再見；我們所謂死前應該做的事，可能沒有一件能如願以償。歐洲疫情擴散嚴重，一個多月間已經過百萬人感染，死亡人數也令人擔憂。意大利是首個疫情爆發得很嚴重的國家，但那處有一篇關於感染病人臨終時隔著視訊會議與家人講再見的報導令我感受殊深。當世界各地如何努力地提升善終服務，一個疫情令所有原本可以做的化為空談。對逝者及喪親者，以及善終服務的醫護人員是何等束手無策。

後來，很多國家迅速調整疫情下的善終服務指引，快速地回應當下的重大改變，以協助臨終者及家人面對疫症下的困難，尤其是死於新冠肺炎的病人。雖然是有嚴謹的隔離指引，而且醫療服務都集中先處理救援工作，但仍有很多醫護人員盡可能提供人性的善終服務，不只是臨死前一刻，盡可能在病患清醒時，提早安排家人利用網絡視訊互相聯繫。有些國家更積極利用社區及宗教資源，快速安排關於善終服務的網上訓練，以及關懷喪親者的

義工訓練，讓社會上更多人（義工或專業人士）透過網路提供服務。

雖然疫情令人與人之間變得有距離或不能觸碰，但由於科技的進步，令無論身處多遠的人也可互相見面；而且見面的時間成本低，而操作亦易，只需安在家中就可以按制連線。在某程度上，反而令人比較容易與臨終者多見幾面，多談幾句，而且當醫護人員發現病人情況急轉直下，也能透過互聯網連繫家人。雖然不是最理想，但最起碼也有機會說再見。

當寫遺囑變得普遍

雖然疫情阻礙了全世界的發展，但對於生死教育，卻是股前所未有的推進力量。由於切實的死亡恐懼，引發大眾對死亡的反思及討論。而醫護人員或高危人士也紛紛寫遺囑。由反思生死，變成回顧人生，人們不禁停下來真切地思考對自己來說甚麼最重要，並由寫遺囑開始去與親人談論生前死後。往日，醫護人員向家屬講解預設醫院指示等善終醫療程序，很難讓家屬理解或達成共識，但在疫情底下卻變得理所當然。任何人，不論年紀、背景、宗教、學歷、財富，在病毒面前一樣變得脆弱，故形成當下前所未有對生死的反思。

對於原本有危疾的人，疫症的來臨可能是百上加斤，也可能是如釋重負；有些人放下對死亡的恐懼，也有人覺得加重了死亡威脅，視乎當事人如何處理自己的感受與反應。這段時間，遙距的藝術治療，靠著創作為承載客體的心理治療，也發揮著重整及消化情緒的功能。而在這次疫情下，對治療師是震撼，既是反思，又是改變，也是逼使我們放下堅持的守舊則，去探求折衷的新想法並予以嘗試：當下的情況對藝術治療師而言可以說是充滿著「危」與「機」。

《藝術與自我照顧》

無論是面對生老病死，政局不穩或世紀疫情，藝術都是自我照顧的一個重要方式。無論你有沒有藝術經驗及技巧，都可以透過不同形式接觸藝術。

以藝術面對困難時刻

在不同的困難時刻或處境，總出現有心人提供協助。在香港，一眾深信藝術本身具有安慰及治療心靈力量的人於 1994 年發起並成立非牟利慈善團體——藝術在醫院，期望透過群體藝術創作，宣揚關懷社群的訊息。藉著與藝術家、醫護人員及義工們的合作，在香港的醫院推動藝術的發展。

藝術在醫院籌辦不同的醫院藝術活動包括壁畫，工作坊，展覽及培訓，把藝術融入醫院，令病者在心靈上得到安慰鼓勵，以積極樂觀的態度去接受治療；同時以藝術締造一個舒適的環境，紓緩醫院的緊張及不安氣氛。另一方面，也鼓勵藝術家、藝術治療師、學生、義工以及普羅大眾發揮他們的創意和藝術技能，貢獻社會。病者藉參與藝術創作以表達內心世界，得到來自創作的快樂、安撫和鼓勵的回饋，從而獲得心靈治療，並發掘他們的創作潛能。機構也為義工及醫護人員提供有關醫院藝術的專業訓練，提高公眾及醫護界對醫院藝術的認識。

而藝術在醫院的計劃，除了邀請藝術導師和義工帶領欣賞藝術、病人及家屬的藝術創作參與的活動之外，也有邀請藝術治療師帶領牽涉精神健康及情緒抒發為的活動。筆者由義工身份開始接觸醫院藝術，慢慢發展到與同工一起計劃及實踐，在不同層面發揮藝術的治療力量。

剛好在新冠疫情爆發前，藝術在醫院了舉辦《我的時代——

疫症都市》項目，響應國際間對於不同傳染疫症的藝術計劃。邀請來自不同群體的人，利用創意藝術形式，用顏色設計細菌後，利用電腦程式由平面變成動畫，抒發作為病患、康復者及醫護人員各自在面對疫病時的自身感受。

後來正值疫症來臨，這個應題活動在網上延續下去：鼓勵家中大小朋友設計細菌，將病菌加上不同線條，顏色，甚至面容。孩子們創意的配色及線條，讓原本令人擔心的細菌變得有趣，藉此用藝術尋找面對病菌的力量。最後在網上平台發佈收集回來的作品，鼓勵大眾積極面對疫情。

後來不同的國際機構如世界衛生組織及聯合國兒童基金會（UNICEP）也在其社交平台鼓勵大眾利用被隔離在家的日子，以藝術創作去減低焦慮及抑鬱情緒。在這時候，香術藝術治療師協會也舉辦了網上「藝術再充電」活動（#ART RECHARGE），由藝術治療師開始，以非批判的態度去自由創作：不在乎作品的

三幅由小朋友設計並發佈於網上專頁的細菌創作投稿。

藝術技巧，專注於沉澱及平靜內心，鼓勵大眾用創作表達情感。作品在香港藝術治療師協會的網上專頁上發佈，旨在推動用藝術支持自己渡過困境。

藝術治療師的藝術

在整個香港政治議題爭拗熾熱及疫情肆虐的日子中，感謝李展輝及何遠良老師，我幸運地被香港視覺藝術中心的雕塑專修科取錄。一直以來，並沒有受過正規藝術訓練。小時候住在遠離市區，在大帽山山腳的一條小村莊，旁邊有河流、森林和田野。由於在大自然的環境下長大，自小被自然界色彩、物質及環境刺激我很純粹的創作意欲。小時候會在河邊檢石頭畫畫，利用乾樹枝樹皮創作立體藝術，秋冬時利用蠟燭和干樹葉製造器皿：這就是我接觸藝術的開始。

後來斷斷續續的學習素描、水墨；又跑去學習平面設計；然後好一段時間投入陶藝創作，包括拉坯和手捏或自由創作等等。慢慢發覺自己非常喜歡立體塑型。上雕塑課開始接觸造型的基本物料例如大理石、木材、金屬等等，被這些物料深深吸引了。

回到藝術與靈性的關係，在雕塑範疇上的創作物料直接源於大自然：經過時間歷煉的石頭和木材，不但有美觀的外型、顏色和質感，也包含着在大自然的歷史與時間見證。接觸著這些原材料，令人好像感覺得到大自然的溫度、氣味、甚至乎氣息。在創作的時候，手一直觸摸著物料，有一種真真正正在跟物料溝通的感覺。由於雕塑需時：包括設計造型、開料、切割、斧鑿、打磨等等程序。經過一段很長時間，像把鐵柱磨成針，要慢慢琢磨到自己想要的線條和造型。

這個慢長的創造過程，對當時面臨社會撕裂和外在壓力的我來說，非常療癒，非常重要。創作的空間給予我整理思緒的時間，用藝術語言的方式，在改變造型的過程，沉澱着凌亂的想法及情感。與雕塑造型一樣，由開初毫無頭緒的狀態，透過接觸物料，與自己的感通，找到想要的造型，然後開始製作工序。在過程中必定遇上不同的阻力，或者猶豫與矛盾，對取決線條造型及成品最後的式樣，箇中有著複雜的取捨，這個思緒整合過程，與創作無獨有偶地相似。

習雕塑不久後，政治紛爭每況愈下，社會矛盾難以名狀。我躲在雕塑的工作室中，一直用創作去消化這些難以處理的情緒。我的作品都連繫着自己生命當下發生的事，或把積累已久的感受，一一從中表達出來。

三件作品的題材：一件為社會事件，一件是工作感觸，一件是做給家人的。關於社會事件的作品，原於心裡想著一句歌詞：「在天使的臂彎中，飛離這個地方；希望你找到安慰」。當時有人受了重傷，更多的是失去眼睛——無論是真正肉體上的眼睛，還是用心去看事情的眼睛。我以大理石造出天使翼為眼，放在殘破鐵枝的人臉上：我希望天使之翼可以令人看得更清楚，而且更自由。題目叫做「看得見的眼」。

〈看得見的眼〉

雲石，鐵，銅(2019) 75x60x8cm。

破損的臉，失去的眼，在自由天使的翅膀裡，也看得很清楚。

相片鳴謝：Danny Lee 李展輝

〈依附〉

木——台灣相思(2019) 46x32x50cm。

要建立沒有太多雜質的治療關係，重點是治療師保持的界線，距離及一致性。沒有緊緊擁抱著對方，但希望他有被抱住的感覺。建立安全的距離，是不靠花言巧語，不用自己的吸引力，不收買人心，不製造依賴，只靠單純的保密性，一致性與可靠性。那非批判這抽象概念才變得安全和真實。關係如是，治療關係如是。

相片鳴謝：Erika Leung

那件關於工作的作品，主題探討關係的距離，是從個人及專業關係中得出來的自我覺察。由於一直有利用藝術日記去記錄個人心情的習慣，發現在很久很久以前，一直在重複繪畫一對飛鳥的圖案。以不同的藝術方式包括素描、繪畫、版畫、陶藝泥板等探索過這一雙鳥。有時兩隻鳥分得很開，有時貼得很緊，有時只得一隻，有時距離剛好。為木雕塑找主題時，我很快便被這飛鳥佔據，想像如果可以將這一對我可能畫過一千次以上的圖案化成實物，可以觸摸可以抱著，我覺得相當興奮，便開始着手找自己想要這一對鳥的藝術呈現。在創作過程中，我很注重兩隻鳥相對的姿態和距離，然後找到兩者協調的線條，以及相對的色調。由於兩塊木本身有各自的顏色及紋理，故兩隻鳥的位置與形態也需要互相配合。

很快我就明白這兩隻鳥是在探索兩者之間的依附關係。藝術治療當中，治療關係的定位是相當重要的：與個案如何在界線的限制下保持一個安全，讓他感到有被支援着的關係，是很難經營及維持的；也視乎個案自身的依附關係發展。所以治療師需要理解對方的依附模式去經營合適的治療關係。

畢業展覽的三件作品中，最後一件是送給家人的作品，概念源自爺爺嫲嫲為我們建立的合掌瓜棚。自小在這個護蔭底下成長，常提醒我要像合掌瓜一樣謙卑及感恩。將合掌瓜與小時候的我在砂磚上造型，再用石膏塗層，打磨，然後去鑄銅。作品旁邊請媽媽幫我發了棵小合掌瓜藤，活生生的放在展覽場館。起初還擔心展覽場館的冷氣和室內場地不合小藤的成長，過了幾天反而長得很非常翠綠，小藤還攀附到牆上。

正當讚嘆著生命的神奇，展覽期間疫情突然爆發，展覽被腰斬，展館也封閉了，連回去給合掌瓜澆水的機會都沒有。心裏想着小瓜他這次慘了；香港的社會也慘了。

一停就停了四個月，當我重踏展覽廳，彷如隔世。展覽陳設

沒變，像凝固了。展覽會場以外的香港，以致整個世界，經歷著疫情，政治動盪，各地都彌漫着焦慮與不安。而展覽廳裡的氣息卻還停留在疫情前。鑄銅作品旁邊是完全枯乾了的合掌瓜藤，但依然還在抓緊乾涸的泥土。情感上捨不得，但將它融合在原來的枯葉上，也覺得很有意思。作品由零到生，由生到死，生前與死後的形態，都在展覽中發生：它完美地呈現著什麼是生命，討論著什麼是存在。

後來帶到老家去，爸媽著我跟爺爺嫲嫲説聲要安放送他們的禮物。菜園內找個不會壓到植物的位置放著展品。它離開了展覽館，再沒有射燈的照射，在自然的陽光下，銅融入植物旁邊，受著日曬雨淋，等待銅綠出現，也提醒我要懷著慈悲和謙卑。這個安放儀式，昇華了我對爺爺嫲嫲的愛和思念。

〈謙卑的瓜〉

銅（2019），28 x 18 x 8cm。

坐在兩手合十的瓜中，孕育感恩的心。記念爺爺嫲嫲建立的合掌瓜棚。無助無奈時更需要找到自己的內在資源，支援我們捱過，與捱不過。在資訊爆炸的年代很難獨善其身，很多人因政治、疫情及社會環境而睡不著，感到極度不安焦慮的情況，日復一日的受影響。透過創作，嘗試在身體以外找力量找安慰，是我們僅餘可以做的事。

《預防慈悲倦怠的助人工作者》

有天上課時，老師提及到很喜歡飛機上的一項提示，我心中默默認同那句話：「配戴氧氣面罩時，請先自行配戴，再幫忙身邊的兒童或有需要人士。」如果不確定自己可否在困苦中生存，我憑什麼去照顧其他人？而這種力量，沒有需要人自我犧牲。那種態度應該是：我可以近距離的支持你，你的負面情緒不會傷害我，我有能力陪伴你一同經歷及從中反映可能有意義的東西。因為我在被訓練成為治療師的時候，也曾經走進自己生命最黑暗處去翻找對自己重要的東西，也曾經感受過對情緒來襲時的迷失與痛苦。去同理一個人，是會牽引起自身的個人感受的，而作為治療師，不但要體察到自己的反應，也需要保持合適的距離。「跟車太貼」會有自身陷入的危險；距離太遠很快就會看不到對方的足跡。這個距離需要細心的經營和高度的自我覺察能力。

助人工作者的壓力

作為寧養服務的助人工作者，因為要經常緊密地陪伴生死關頭的患者及家人，容易出現壓力積累與負面情緒，這情況會影響工作甚至個人生活。一般壓力來源為慈悲倦怠、工作倦怠、次級創傷壓力與專業哀傷。分別來自情感負擔，實際工作量，聆聽個案創傷經歷，與面對個案死亡的影響。在這裡未能全面探討所有內容，詳情可參賽馬會安寧頌的網上課程。

（賽馬會安寧頌網上課程資料：https://foss.hku.hk/jcecc/online/learning）

由於藝術治療的進行牽涉圖像的表達，所以藝術治療師除了承受一般工作壓力及聆聽創傷經歷外，次級創傷也牽涉圖像的吸收與承載。所以除了一般減輕工作壓力的措施，也需要用藝術方式去消化及處理助人工作者在治療範疇中的次級創傷。

慈悲滿足與慈悲倦怠

慈悲是「深切知曉、意識、同理及感受他人的情感，並希望陪伴對方的痛苦」。

慈悲滿足（Compassion satisfaction）：從意識、同理及陪伴他人的悲傷痛苦的工作中得到滿足感。

慈悲倦怠（Compassion fatigue）：由於長時間暴露在他人的痛苦中，或聽取他人的創傷事件，情感上經歷著強烈的痛苦，引發深切的生理、情感和精神上的疲憊。

若果在工作場所缺乏情感上的支持，且沒有足夠的自我照顧，可能出現事件重現，惡夢，和強迫性思考等情況。當助人工作者有較多負面思想，或會產生情感耗竭、麻木、迴避、煩躁不安、易怒、焦慮，身心症狀包括食慾下降和疲憊、睡眠品質下降等等。

由於慈悲在不同國家有不同定義，以上是由多國的文章整合而成；關於本地的用語，可參看賽馬會安寧頌網上課程的深入解釋。

2018年的腫瘤心理學研討會中，有研究說明慈悲滿足感與倦怠沒有關係。儘管覺得自己工作很有意義和價值，從中也得到很大的慈悲滿足（Compassion satisfaction），但這不代表不會有慈悲倦怠（Compassion fatigue）的存在，因為兩者可以同時出現。在與個案關係中產生的反移情（Counter transference），簡略意思是從關係中挑引起治療師自身生命中的脆弱部分；在同理個案時也重新感受著引起共鳴的痛處。所以「同理」與「距離」，從來都是最難平衡的。

讀書時，督導要我在見個案後抽時間創作，嘗試反思個案的狀況，也讓創作幫忙放下個案的情感，好好管理反移情對自己的影響。只有用創作這方式，才可以消化由圖像吸收來的情感。那份徘徊於個案與治療師的同理心之間的內心探索，如果沒有好好

整理，很容易慢慢混而為一分不清，不知不覺的把對方的感受變成自己的感受。

以藝術創作反思實踐（Reflective Practice）

用藝術創作去反映與個案的關係，比起只用腦去想，或用文字去記錄很不同。回到與藝術治療一致的語言：用抽象及綜合性的藝術表達去探索自己見完個案後的感受，尋找意識層面上忽略了的部分，再用文字鋪出思路。然後每次與個案見面前，除了看文字的會面紀錄，也看自己的藝術反思手記（Response art journal）。往往都是圖像讓我更快更準確地回到上次會見的感覺。

有一次，個案在做創作時，我嚇見他用了我在藝術反思手記中曾選用的物料做拼貼，而且連顏色及圖案也是相同的！那次感覺很深。我們對圖像的接收，對創作的感受，作品所傳遞的訊息，很難用言語解釋。在人類歷史上，記錄情感的圖像遠早於語言。「藝術反思手記」的做法，讓我消化個案的經歷和感覺。即使多沉重也沒有積累，反而是以藝術模式在治療關係之上再轉化及昇華。

畢業至今，臨床工作日積月累。已曾經帶領上千個小組及個案，陪伴過無數人做藝術治療：榮幸的，感恩的，得到了很多信任外，所學習和見證了的都很多。這些年來少不免有迷失的時候，也經歷很多次級創傷與專業哀傷，總是藉著藝術創作的反思實踐整理感受。靠著督導恒常的支援，那種感受在認知層面被整理；由絕望轉化成希望，處理過很多次慈悲倦怠想放棄的臨界點。當我感到無力絕望時，活在我心的老師會走出來。

從個案中吸收來的無論是正負能量，經過處理後會內化成自己的能量。所以慈悲是滿足還是倦怠，不是只看工作性質，也看自己有沒有認真處理好反移情：投射的情況。我以資源回收的概念去看待個案給予我的所謂「垃圾」。好多人看心理治療是清理

垃圾，實則是資源回收。所有情緒及感受，連繫著的經歷雖然是痛苦或難過，將一堆想丟掉的東西，慢慢分類清洗及整理，將不能回收的棄掉，將可重用的在心裡分類，將來面對近似的處境時，便有經驗可以依恃，去面對個案及自己人生中的高低起伏。

即使工作繁忙，我盡量保持在與個案見面後簡單地用 20 分鐘進行創作反思，消化又記下圖像與感受。若有感而發，也會再深入發展至更完整的創作。以創作去處理從圖像吸收的感受。如果有一大段時間發現自己沒心力創作，沒時間思考沉澱，沒興趣拿起畫筆，那就要停下來好好休息一下，喚回自己的初心。

讓自己也好好哀傷

很多時出席個案的喪禮，總設法讓自己也好好抒發哀傷情感。作為離世前的支援者，無論怎樣不願意，我總是很快將這種「我

什麼也做不到」帶到自己的生活。開始也問上天為什麼這樣安排，思考宗教或是什麼超能力可否幫忙；我試過去捐血，報名作捐贈器官、骨髓。意識上、專業上我知道自己沒有理由因為工作這樣做，更不是在裝偉大的去做救世者。只是，那種強大的無奈無助感很難面對，很想去做些實際的事讓自己好過一點。見督導時跟他反映這種情況，他總是寬容的明白我，也沒有懷疑我的專業，只是提醒我，我要做的，是如何與無常共存。

有一位舞蹈／動作及戲劇治療師朋友盧幸賢，服務兒童癌症病人好一段時間，以下是她對於處理治療師自己的專業哀傷的方式：

「我回想起一位已故的年輕病人，我想他會高興我沒有忘記他。

常常有人問到「你如何能服務有癌症的兒童，不會太難受了吧？」「你如何能面對兒童死亡？」我只想說治療師也是人，也會有情緒，而早在實習的時候，我便告誡自己如果有一天自己不再為死去的病人難過的話，那便是我應該轉換服務對象的時候。

如果有一天我對死亡麻木，我如何去與病人及其家人同行？又如何對他們的遭遇產生同理心？我如何能告訴他們流淚並不是軟弱，反之眼淚代表了愛？

由這位病人我開始想起過去由實習到執業以來十年，我服務過的離世病人，數着數着就算名字模糊了，樣子仍一個一個的浮現。我有個習慣就是在病人離世以後我會為他們摺一顆星星寫上他們的名字代號，去世日期及一句他們曾經說過的話或我們一起分享過的一件難忘事情，再將星星收起。我想起他們的笑臉他們的眼淚，我的眼眶也漸漸的濕潤起來。心裏卻充滿了愛和他們的毅力，除了是我的信仰給我支持去服務這批病人以外，看到他們的力量與病人及其家人之間的愛也往往讓我覺得可以服務他們是我的福氣。」

個人保持身心社靈健康

我沒有因為讀了書、註了冊所以得到身心社靈健康，我也曾經試過很多次不知不覺地帶著個案的情感去生活；並沒有即時察覺，直至無助感及怨恨快要讓我的生活失衡，或將近無法再工作，開始善忘、緊張、甚至臨近崩潰，才發現自己是如何的焦慮無助，對事物失去興趣，對世界失去信心，而這些感受原不是我的，只是曾經近距離見證、陪伴及承載過的次級創傷。

世界上最難處理又最容易忽略，最需要敏感的覺察、耐性及恒常地照顧的個案，就是自己。關注自己「身心社靈」的健康對助人工作者很重要：包括身體 Physical，心理 Psychological，社交 Social，靈性 Spiritual。

在身體上，包括均衡飲食，適量及恒常運動，有足夠休息，照顧好生理層面。香港人生活節奏急促，恒常兩字難以實行。除

了運動，飲食及睡眠也是一大難題：吃的新鮮，營養足夠，定時進食，有規律的生活一點也不簡單，並要恒常堅持。在英國註冊為治療師，是需要醫生證明身體健康，以及個性方面的認證才可以正式註冊。由於我們經常單獨地接觸到處於非常脆弱情況的個案，有健康的身心去同理及經歷個案所承受的壓力及情緒是基本的要求。

在心理上，創作給我很大空間去處理及重整內在情感：創作是一段獨自的時間，停下腦袋，將焦點由認知層面轉到另一個天馬行空、無比自由的空間。

藝術治療師要在社交上保持着活躍，保持與其他人的連繫才有在群體中的存在感。藝術創作讓人很容易墜入自我世界，所以保持適當社交也很重要，但也不易過於活躍。網絡上的虛擬社交環境，可能也具某些社交功能作用，但同時也因為資訊泛濫令我們時常面對大量的交流溝通：因此在當中為自己找個平衡點也不容易。

至於靈性上，很多人以為靈性是指宗教，其實靈性這個字在美國就有七十幾個定義。大多認為靈性是對個人以外的事物的連繫及感通，可能與人以外的力量或環境有關，也有機會與宗教有關；至於宗教，則是一個社群對特定「神」或上天的法則的實踐及規範。我不拒絕宗教有關的議題，但沒有很多真正接觸的機會。有時會盼求從某些宗教環境及儀式中得到安慰。除了宗教，大自然也會令我有靈性上的滿足及發展，有時可能也從哲學上找到一些靈性安慰。

治療師的生活排得緊緊的，只要身心社靈的四部分得到平衡，中間那清靜的空間才夠大夠穩定去承載個案的東西。記得督導老師來港教書時，對住宿、設施、位置、交通、日程等的安排都非常嚴謹。她說自己幾乎像軍訓般的執行自己的日程。包括上堂、吃飯、小休、上課、回飯店、游水、休息、與學生晚飯、睡覺。

作為治療師，一種直接對人的工作，執業者照顧好自己也是專業責任的一種，這樣才能確保個案得到最優質及平穩的支援。

機構層面

在寧養服務中，前線服務人員的壓力管理相當重要：利用有被認證的評估工具可客觀分析同工的工作狀態。例如專業生活品質量表（ProQOL）：主要用來評估同工在工作時經歷的正面及負面經驗，以三十天為一個周期，主要針對慈悲滿足及慈悲倦怠的關係。當中，也細分為慈悲滿足、工作倦怠、及次級創傷壓力的分數。透過客觀評估方案，機構管理層可以主動的關注同工的壓力情況，看看他們是否需要休息及其他方面的支援。

可持續服務

個人藝術治療是密集式的支援，因而服務人次少，對於很多捐助者或資助基金會來說，很難從數字上理解到藝術治療的效率、效能及長遠的治療效果。而大部分社會服務也以量化為主，心理治療的成效最容易被人質疑。

作為治療師應該學習如何將抽象難解的圖像，以簡單概括的文字及概念表達出來，好讓更多人——特別是決策者——理解。當然參加及舉辦研討會或多些論文撰寫及刊佈也是很好的作法。

認知行為治療在這二三十年間，在世界各地大行其道的原因是有大量研究發表。再翻看英國的註冊要求，藝術治療師每年應參加研討會、或研究交流等。無論實證過程及結果如何，至少我們需要有測量及評估成效的動機，而不是只埋怨現時的測試工具不適合，或學術模式不能評估非言語表達等等。其實研究有很多

方式，有量化也有質化。有時單獨一個個案的研究也可以很深入。在英國，就有人做過藝術治療與認知行為治療的長期成效比較，長達十年的研究期更可將藝術治療的特質呈現出來：論文的質量當不下於數量呢！

治療師執行實證為本（Evidence-based practice）的工作，除了為了提高服務質素，也是治療師在專業領域上的發展。而我也努力在本地及國際的研討會中宣揚實務為本的證據（Practice-based evidence）：意思是將深入臨床過程以嚴謹的質化形式如個案研究等作為實踐證據，為重質的服務發聲。

除了學術報告，作為治療師也應積極參與撰寫服務計劃書等行政項目。這十年來，學校及社會服務機構對藝術治療服務需求大增，但依然停留在短期合約或計劃形式，沒有建設很多恒常職位及服務，這與資金申請有關係。若治療師可多了解個別基金申請資料，及不同機構的理念與目標，才有機會將藝術治療帶到不同服務單位。當然，除了專業發展，同業的支援與合作也很重要，參與香港藝術治療師協會或其他創意藝術治療的協會或活動也可促進專業交流。

最後，藝術治療師這工作可以很神聖，也可以具創傷性，為著服務對象，長期保持身心社靈健康是很重要的。如果不想最後能醫不自醫或對當治療師的熱情完全消耗，可試著跟隨以下八點：

① 經常參與持續專業進修
② 恆常的督導會面（四至八星期一次）
③ 恆常的自我創作時間
④ 每年完全放下藝術治療師的角色最少連續三星期
⑤ 以學術形式整理工作經驗
⑥ 恆常的自我照顧（如做 SPA，吃好的，做想做的事）
⑦ 做運動
⑧ 參與治療師協會的交流或社交活動

如果藝術治療師有照顧好自己，工作不但沒有讓他變得負面，反而讓他更珍惜自我及活在當下。工作面對困難時，或情緒低落時，自我檢閱地提醒我們在工作常說的『你不能改變昨天，也不能預測明天，但你可以活好今天』。生與死不是我們可以掌控的事，當下為什麼不找出對自己重要的事？

藝術鬆一鬆 ❹

藝術日記：

找一本空白的薄，甚至可以用白紙自己製作一本扎記。嘗試將不同顏色、線條、質感、圖形，隨心隨意地放在畫紙上。沒有對與錯，不一定要在意識上了解自己在創作什麼，容許自己即興創作，不用擔心效果。創作可以是圖像，可以是文字，也可以兩樣交替：用文字及圖像記錄自己心情，開展自己的藝術日記。

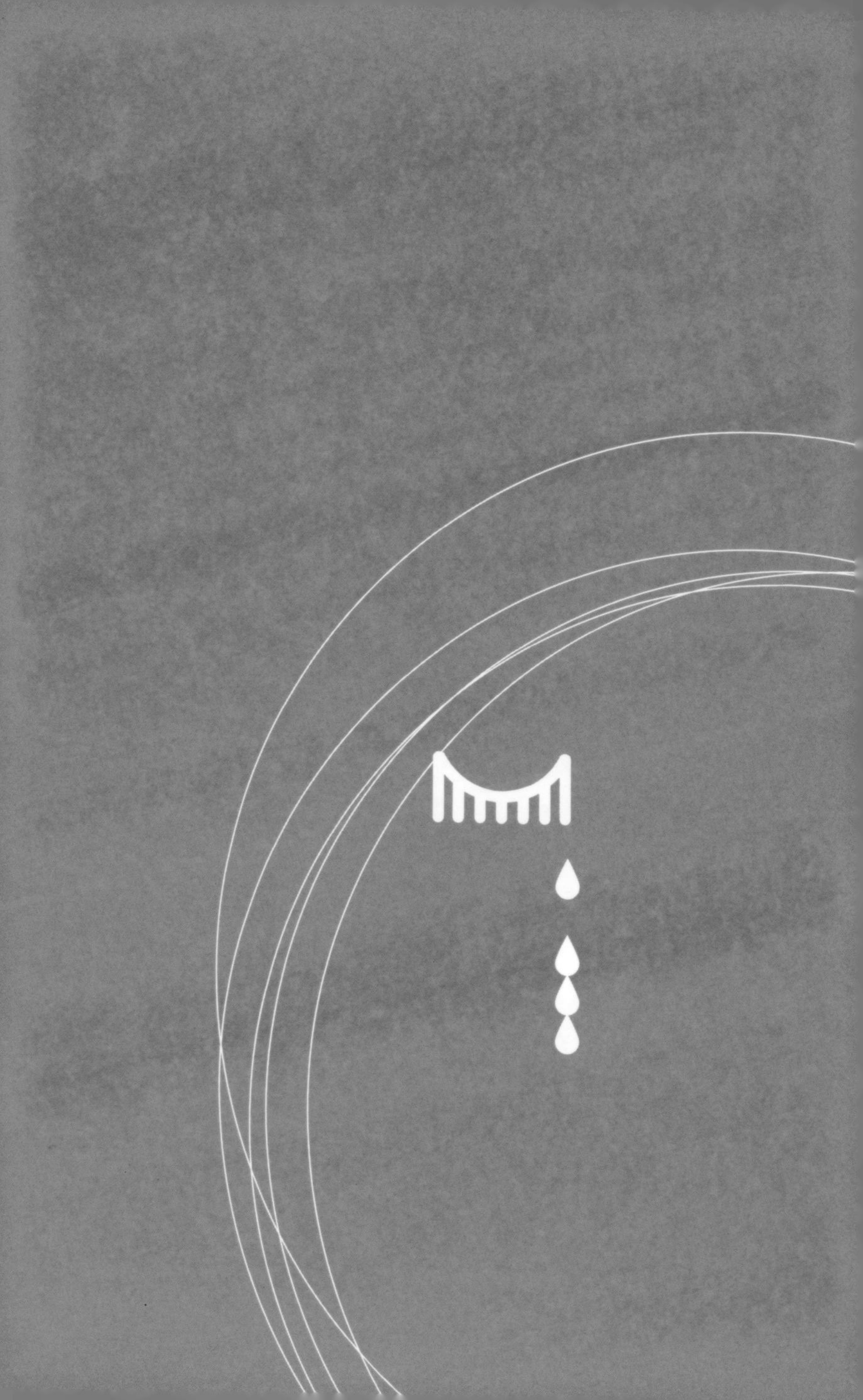

5 總結

藝術包含不同層面及方向的治癒力量：
由欣賞，自我創作，藝術小組或藝術治療，
當中與生命議題有著不同程度的關係。
希望這書能提醒你，藝術在困難時刻的重要性，
以及反思生死離別對你來說是什麼一回事，
思考自己到底要過怎樣的人生；
了解藝術在生命中有甚麼可能性。

藝術可以在苦難中承傳及保留人性的光輝：在林達著的《像自由一樣美麗——猶太人集中營遺存的兒童畫作》以數十幅「二戰」中猶太集中營被害兒童的幸存畫作為主，圍繞如何在苦難中堅守人的尊嚴及堅持美的創造。書中記載普通的猶太家庭、猶太兒童、藝術家等大批浩劫受難者的遭遇和他們不懈的精神追求。一堆被關進集中營的人，面對死亡的恐懼，於藝術中尋找讓孩子仍然覺得自己是一個人的方法。冒死找來簡單的顏色和紙張，讓孩子在想像中感受曾經擁有過的快樂及愛，憑依稀的記憶去繪畫自己的家、學校、村莊、猶太節日等等。並用自己的真實名字為作品簽名，好讓孩子沒有到死的那天只記得自己在集中營的號碼。

看這書時我仍然是藝術治療學生，看到畫面及故事也為集中營的歷史而感到憤怒及哀傷，但同時也看到人的堅持和真善美。當中紀錄的作品，無論是抒發在集中營的痛苦經驗，對離開的渴望，或是對故鄉的懷念及對家人的思念等，一一都從畫面中表達。

令我對於創作對人的意義有另一種體會。

看完書後，我去了趟捷克，在博物館找到這44幅作品，感覺非常震撼。經過刻滿受害者名字的細小房間，凌亂又擠擁的墓園，最後看到這些兒童純粹的畫作，真的很感動，很慶幸當時的藝術家及老師們為孩子做了很多。

回到香港工作，功利主義將兒童藝術變成入學工具：三歲要填出陰影，八歲要畫出透視。作為藝術工作者要堅持容許孩子自由自在地創作實在不易。但面對今天政治不穩及疫情肆虐的香港，我們是否應該重新定義藝術對人的作用和影響？

人生變幻無常，面對生離死別，天災人禍，國破家亡，每個人都產生不同的感覺和情緒。我們不應傳統地避而不談，反而該早早接受「人人皆會死」。而藝術作為一個非言語主導的整合性媒介，將作者的深度思想和感受立體地呈現出來，作品成為安全及過渡性的承載，在艱難痛苦的時候，是表達內在聲音的情緒出口。藝術及藝術治療在生死議題中，以想像及象徵去尋找生命的意義；以創作陪伴個案面對死亡的無力感；在黑暗中，用顏色塗出生命的精彩。

對於無法操控的生命歷程，每個人也有自己的面對方式：有些人選擇理性面對，無論是正面負面也盡量處理；有的選擇避而不談。以心理治療與個案同行，有點兒像教車師傅：希望學習駕駛者能夠自己慢慢領會，同時坐在旁邊準備在危險時剎車，不過駄盤還是由當事人自己掌航。而這一程不是駕駛學習，而是即場考試，所以不容有失。有時可能不知道駕駛者會否迷路，治療師只有伴隨在旁，並確保自己認得回去的路，安全帶他到起點。要達到這樣，除了學院訓練，治療師需要前線經驗、督導支援以及不斷進修學習。最重要的是經常反覆查看自己的狀態，不讓自己走到盡頭。還有需要那份抵禦無助的堅強。

《後記》

什麼是最完整的完結？

這本書所描述的所有工作，慶幸一直得到督導老師 Benedikte 的貼身支持。她是非常有經驗的音樂治療師。由於受訓於歐洲，以音樂心理治療為本，所以與我一樣信奉心理動力學。她的即興音樂也非常自然，每次在會面中處理移情及反移情時都恰到好處。

她總是保持很合適的距離：用音樂時非常貼近，交談時非常理性；在適當的時候打斷我的對話，提醒我用創作去探索真實的感受。她的心理分析背景及訓練，令我們的臨床交流非常暢順，而且強烈地感受到被她聆聽及明白了。她雖然是音樂治療師，與我不屬同一科，但對我來說是很重要的督導。而她在癌症及紓緩服務的經驗也是很寶貴的指引，是我最天衣無縫的臨床督導。如

果沒有每月一次的見面，我根本沒法繼續下去。

與她的最大討論點，是面對某些非常脆弱的個案時，有時我也說不出其他組員離世的消息。但 Benedikte 總要我好好想清楚，治療師是有必要向個案說清楚事實，因為這對他們怎樣理解完結有重要的意義。

我們都可選擇怎樣面對死亡

然後，某一天收到令人震驚的消息，Benedikte 原來患了危疾，可能還有幾天就會過世。我先是非常錯愕，沒有辦法接受和消化，並立即開網路視訊聊天室，翻查電郵，明明再過幾天就到每月一次的會面。最後，那天晚上已收到她的死訊，也沒有機會說再見。

突然間，我有一股莫名的愧疚：她一直在指導我處理患病及頻死的個案，幫助我用即興音樂消化強大的無力感，讓我有信心，有力量去支持在不同苦難中的人。但原來與此同時，她自己也一直承受著疾病的折騰，也面對著死亡的威脅，而她卻繼續從容地支持我。我反問自己個案的矛盾會否有牽動她自身的情緒，她會否也很疲累地繼續見我直至生命的最後？

一時之間百般滋味，很難過，很想跟她說再見，也有點生氣為什麼自己一直沒發覺到她的情況。雖然我知道在最後的日子繼續工作，支持著督導學生是她的選擇，但我卻自私的希望，自己可以早點發現，可以盡一份力去支援她面對死亡，或讓她知道她對我的個人成長及工作發展上有多麼重要。

她的生命哲學，面對死亡的選擇也讓我上了最後深刻的一課。一個人面對死亡，可以有不同的選擇，所謂死前要做的事，要回顧什麼，也是一件很個人的事，沒有所謂必須要做的，也沒有人有權力為另一個人決定。身邊的人的失落及難過，很容易埋沒了

快將離世者單純的意向。而這種工作，沒有根據怎樣才算是完成，像人生一樣，什麼才是完整的完結？謝謝你 Benedikte，在生命中，在治療師生涯中遇上你是我的幸運。我會記着你的提醒 " People in denial live longer, never explore too much for your own sake " 歐洲有些研究顯示，「人若果活在否認中普遍比較長命，所以(治療師) 切勿為了自己而探索(個案)太多。」我們做「死人工作」要有很大很大的堅持，才可以清醒地捍衛個案的主觀願望。所以我們不是英雄，這是我們的工作。

在心理治療或社會服務中，英雄主義、耶穌或佛陀上身也很常見。這讓同工沒有保護好自己和個案。我時常提醒自己不要太享受能在人最脆弱的時候伸出援手的英雄感。雖然認同自己的工作意義很重要，但了解自己對英雄感，或「被需要」的需要，才可以適時阻止「為著自己需要」的臨床決策。

Benedikte 總提醒我要發表自己的臨床經驗去啟發不同的人，

為創意藝術治療發展，也為自己留下實在的記錄。也常敦促我撰寫藝術治療在生死議題上應用的論文。這幾年來，由她的鼓勵開始，每年都參與不同的研討會演講，海報或論文發表。開始了用文字整理及發表實證為本的藝術治療。

雖然這書不算是專業領域的學術研究，但也希望讓更多人知道創意藝術在困難時刻的角色。由那時答應老師開展寫作計劃，還笑說要為她翻譯此書的序言，沒想到也沒有追趕到生命的無常。我不是個懂得表達思念的人，僅以此書，答謝你多年來的照顧與支持。

因為撰寫此書，與我兒時的中文老師陳漢廷有緊密連繫。在疫情下，他透過郵寄方式隔空幫我批改文章。在文字的交流中，也一同傾談著生死的話題。完稿之際，想到這不就是我寫這書的目的嗎？

在此收錄音樂治療師周穎賢的讀後感：曾經作為 Benedikte 的

學生，自身近距離經歷過死亡，看畢此書，為主題創作了一首歌：

《再見．又再見》

太陽伯伯太陽伯伯
你去咗邊你去咗邊
快啲快啲出嚟
快啲快啲出嚟
照着我照着你
有些小片段
藏在心底轉
你去後沒了沒完
妄想釋放混亂
是距離太遠

是找到分寸
是已習慣將你的話
好好記住
那些窩心故事
仍在心深處
偶爾來造訪那舊朋
輕輕一笑道別
太陽伯伯太陽伯伯
你去咗邊你去咗邊
快啲快啲出嚟
快啲快啲出嚟
照着我照着你

書名：《敍別逸離——困難時刻的藝術與治療》
作者：陳雅姿
編輯：呂嘉俊
設計：馮文偉
出版：字字研究所有限公司
網址：www.wordbywordcollective.com
電郵：wordbywordltd@gmail.com
承印：利高印刷有限公司
定價：$128
國際書號：978-988-75005-1-3
出版日期：2021年5月

鳴謝：（排名不分先後）
感謝所有書中分享的個案，小組及同行者

督導／老師們：
Benedikte Scheiby、Debbie Michaels、
Chris Wood、陳漢廷

書中合作的個案經理／同事：
吳灝璋、Irene Kwan、Delisa Lee、Freda Lee、
黃金鳳、梁國良、Elsa Yu、卓志恒、Kannie Lam

協作文字分享的創意藝術治療師：
林麗青——音樂治療師、
彭倩盈——表達藝術治療師、
盧幸賢——舞蹈／動作及戲劇治療師

首閱讀者：王妙麗、胡金榮醫生

音樂總結：作曲／填詞／編曲：周穎賢（音樂治療師）

服務機構：香港癌症基金會、藝術在醫院

第四章個人作品攝影：李展輝、Erika Leung

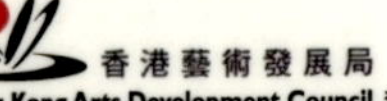

香港藝術發展局全力支持藝術表達自由，本計劃內容並不反映本局意見。